DIGITAL × ETHNOGRAPHY = DIGINOGRAPHY

デジノグラフィ

インサイト発見のための
ビッグデータ分析

博報堂生活総合研究所｜著

デジノグラフィ―目次

2章 隠れた本音と無意識をあばく

3章

膨大なデータ量がもたらす、驚きの解像度

4章 今日からはじめるデジノグラフィ10の技法

人を啓発するのは答えではなく、問いだ。

——ウジェーヌ・イヨネスコ

はじめに――生活者を〝発見〟する新手法

あなたは顧客をどのくらい知っていますか？

突然ですが、あなたは自社の商品やサービスの顧客、あるいはお店の利用者のことをどのくらい知っていますか？　どんな性別、年代の人が多いのかは、よほど現場から遠い役職の人でなければイメージがつくのではないでしょうか。

では、その人たちがいつも他にどんな買い物をしているか知っていますか？　交際費にどのくらいお金をかけて、どんなニュースを見て、どんな恋の悩みや夫婦喧嘩の種をかかえているか、あるいは誰と何をしている時に歓びや幸せを感じるかについてはどうでしょうか。

普段ビジネスの現場にいると、どうしても私たちは商品やサービスを購入してくれる顧客を消費者という一面だけで見てしまいがちです。しかし、世の中の人々は商品やサービスを購入するためだけに生きている訳ではありません。会社員であったり、自宅に帰れば二児の母で、地域ではボランティア活動をしているかもしれません。

顧客を単に「消費者」として捉えるのではなく、多様化した社会の中で主体性を持って生きる存在、「生活者」として捉えた時に、その人たちのことをあなたはどのくらい深く、多角的に理解できているでしょうか。

最近、新たに〝発見〟した顧客の特徴や変化はありますか？

生活者を多角的に理解するといっても、これは並大抵のことではありません。そもそも、他者を完全に理解することなどできないからです。

でも、それが家族であれ、友人や恋人であれ、注意深く相手と接したり観察をしていると「今まで気づかなかったけど、実はこういう一面があるんだな」、「今までは違ったけど、最近こんな趣味ができたんだ」というような新たな特徴や変化が何かしら見つけられるものです。

では、顧客を含む世の生活者についてはどうでしょうか。最近、生活者についてあなたが新しく〝発見〟した特徴や変化はありますか？ 同僚に話したくてたまらなくなるような発見が何かなかったでしょうか。

この問いの答えがすぐに思い浮かばなかった人、思い浮かんだけれどそんな素晴らしい発見をもっとしたいという人のために、本書は書かれました。

生活者発想の専門組織、博報堂生活総研

私たち博報堂生活総合研究所（以下、生活総研）は、博報堂のコーポレートフィロソフィーである「生活者発想」を具現化するため1981年に設立された研究所です。設立から約40年間にわたって、生活者を様々な手法、切り口で見つめてきました。「生活者発想」とは、人間を〝消費者〟としてではなく、〝生活者〟として全方位的に捉え、深く洞察することで新しい価値を創造していこうという考え方です。

それを実践する上で私たちが重視しているのが、20～30年という単位で継続的に実施している長期時系列調査と、街頭や家庭といった生活の現場を観察したり、そこで暮らす人々の声をインタビューで深掘りするエスノグラフィの手法です。

どのような価値観を持った人々が、家族や友人、仕事仲間たちと日々どんな暮らしをしているのか。どのような場面で歓びや幸せを感じるのか。平日や休日、どんな情景の中で何を感じ、どんな汗をかいているのか――。人々の〝生活〟をまるごと観れば、その壮大な物語の中に商品・サービスを提供できる、価値を提供しうる新たな機会が無数に見えてきます。

冒頭で「人を啓発するのは答えではなく、問いだ。」というフランスで活躍したルーマニア人劇作家のウジェーヌ・イヨネスコの言葉を紹介しましたが、「生活者発想」とは新たに発見した生活者の欲求や変化の兆しを「問い」に変換して社会に投げかける営み、と言うこともできるでしょう。

効率化、最適化マーケティングの限界

先ほどの質問で、「そういえば近頃、お客さんの生の声を聞く機会って減ったかもな…」と思われた方もいるのではないでしょうか。

生活のあらゆるシーンがデジタル化していく中で、検索ログやアクセスログなどのWeb行動データ、GPSの位置情報データなど、私たちの様々な行動がデータとして記録されるようになってきました。その結果、広告など商品の情報に触れた時に私たちがどう反応したか、あるいはどんな行動をしている人が特定の商品の情報に反応しやすいか、ということが可視化されるようになりました。その結果、多くの企業でそのようなビッグデータ活用に重点を置いたマーケティング手法「データ・ドリブン・マーケティング」が標榜されるようになってきています。

ビッグデータをベースに、効果が最大化されそうなターゲットに向けて複数のタイプの広告を配信し、結果をもとにその中でもさらに効率的、最適な施策に集中していく、そんな業務がマーケティングの中でも多くの割合を占めるようになりました。このようなPDCAを高速かつ精緻に行っていけるのは、膨大かつ多様なデータがリアルタイムに更新されていくビッグデータあってこそです。データ・ドリブン・マーケティングは、ビッグデータの特徴を活かした優れたマーケティング手法であることに間違いはありません。

しかしながら、商品開発やマーケティングに関わる現場からは「マーケティング施策を効率化することはできても、新しい商品や企画のアイデアにつながる発見ができない!」という声をよくお聞きします。施策のPDCAサイクルは回すことができても「生活者の中に生まれている欲求や意識、インサイトを深掘りできず、新たな発想の視点が見つからない」という課題があがっているのです。

新たなアイデアや企画の糸口が見つからなければ、同じような施策を繰り返すしかなく、いくら効率化、最適化を進めても、そのうち効果が逓減していくのは避けられません。これはビジネス上のリスクであると同時に、新しい価値提案が生まれないのは生活者にとっても幸福なことではありません。

ビッグデータで生活者を発見する手法、デジノグラフィ

そこで私たち生活総研が研究を進めているのが、デジタル空間上のビッグデータをエスノグラフィの視点で分析し、生活者の見えざる価値観や欲求を発見する新手法「デジノグラフィ」です。

約40年にわたって生活者の欲求や変化を掘り起こしてきた専門組織として、施策の効率化、最適化のためではない、新しいアイデアを生み出すために考案した、いわばビッグデータ活用の別解とも言うべきアプローチです。

そして、デジノグラフィはこれまでの手法では知る術のなかった生活者の実態をあばく2つの特徴を有しています。

一つは、分析対象が主に生活者の行動データや生声《なま》のデータであるということです。そのため、アンケート形式の定量調査やインタビュー形式の定性調査では、建前によって隠されてしまうことのあ

る本音が全てさらけ出されるのです。

もう一つは、生活者の実態を今までになくクリアに浮かび上がらせる、データとしての「解像度の高さ」です。既存の手法の比ではない、何万、何十万もの対象者のデータが分析できるというデータ規模の大きさだけでなく、様々な種類のデータが紐付いていることで、多角的な分析が可能となります。また、毎日あるいは毎時でデータが更新されることも多いため、鮮度の高いデータ分析が可能となるだけでなく、生活者の欲求が特に高まるタイミングを今までよりも格段に細かく、ピンポイントに指し示すことができるのです。

このデジノグラフィならではの特徴は2章、3章で、生活総研がこれまでに実施してきた豊富なデジノグラフィの研究事例と共に解説します。

デジノグラフィは誰にでもできるビッグデータ分析手法

また、本書を手に取った方の中には、ビッグデータ分析が未経験の方も多くいらっしゃるはずです。ビッグデータ分析と聞くと、特別な解析やプログラミングのスキルが必要だと考える人も多いのではないでしょうか。それに「そもそも、ビッグデータってどこにあるの?」という方もいるでしょう。

確かに、ビッグデータを基にシミュレーションのアルゴリズムを作ったり、複雑な自然言語処理技術を使った分析を一から行うとなると専門家のスキルが必要になるのは事実です。しかし、ほとんどのデジノグラフィの技法はスキルとしては「エクセルがある程度使えれば十分可能」な非常にシンプルなものです。そもそも、生活総研では定量調査の分析でも（もちろん技術的には可能なものの）、クラスター分析や重回帰分析などの複雑な多変量解析をほとんど採用していません。それは、分析結果のデータが自分たちの手を離れ、社会に流通していく時に、その分析手法が全ての人が理解できるシンプルなものでなければデータを結局信じてもらえないからです。また、SNSに投稿された文章や画像など数値ではないデータについても、最近ではプログラミングスキルが一切必要ない分析ツールが多数利用可能となっています。

そして、社内に蓄積されたビッグデータがない、あったとしてもアクセスするのが困難だという方も利用できるオープンなビッグデータ解析ツールが、近年は有償のものから無償のものまで数多く出揃ってきています。このあたりは1章でも詳しくご紹介します。

研究員の暗黙知を、誰もが活用できる10の技法へ

ただし、デジノグラフィで新しい発見ができるかは分析者の〝視点の切れ味〟にかかっています。そしてそれは、施策効果の分析から効率化や最適化を行う際の視点とは全く異なっています。やみくもにビッグデータに向き合っても、膨大なデータの海に埋もれるだけで新しいアイデアにつながる生活者のインサイトを発見することはできないのです。

それはデジノグラフィに限ったことではなく、定量・定性調査でもエスノグラフィ的なフィールドワークでも同じことが言えます。生活総研の研究員は、5年、10年という期間をかけて、生活者の欲求や変化を読み解くための眼を暗黙知として磨いています。分析してみたら誰もが知っている当たり前の結果が出てきました、では意味がないので、通常とは異なる視点でデータを探し、分析することが必要なのです。

本書では、デジノグラフィの研究を通して暗黙知的に蓄積してきたビッグデータから、生活者を読み解く技法を誰もが活用できる形で言語化しました。具体的な分析事例は2章、3章で詳しく紹介していますが、重要なのはどんな種類のビッグデータだとしても活用できる汎用的な視点です。そこで4章では、基本的なビッグデータの観察技法として5つの技法を紹介します。さらに、分析結果を議論や意思決定に対して強いインパクトをもたらす「キラーデータ」とするための技法も5つ紹介します。

合計10の技法について、技法名と概要はここでもご紹介しておきましょう。

〈ビッグデータの観察技法〉

技法1―ボーダーライン分析法

前後で状況が一変する境目の値、閾値《いきち》を見つける技法

技法2―ウェーブ分析法

波形の動き、重なりから周期性や構造の変化を見つける技法

技法3―ホットスポット分析法

生活者の動きが最も活発な中心点や新しい動きが起こる変化点を見つける技法

技法4―トライブ分析法

生活者の行動特性から新しい群や集団を見つける技法

技法5―3Gの法則

人々に興味を持たれやすい3つのGを分析に絡める技法

〈キラーデータの抽出技法〉

技法6―アジェンダ発想法

人々が注目している〝話し合うべき課題〟を起点とする技法

技法7―ロングデータ発想法

長期時系列データが示している継続的な変化を起点とする技法

技法8―イベント発想法

インパクトのある社会イベントを分析の起点とする技法

技法9―俗説発想法

世の中で定着している俗説や常識、固定観念を起点とする技法

技法10―違和感発想法

個々人の生活の中で生じた違和感や驚きを分析の起点とする技法

ビッグデータから生活者の実態を探る書籍はこれまでにもいくつか世に出ていますが、本書では読者の方々がご自身でビッグデータの大海に漕ぎ出せるよう、デジノグラフィという方法論としてまとめています。ビッグデータから生活者の隠れたインサイトを解き明かし、生活者への新たな価値提供を発想するきっかけにしていただければ幸いです。

2021年2月　執筆者を代表して

博報堂生活総合研究所　酒井崇匡

1章

なぜ今、デジノグラフィなのか？

1章では、生活総研がデジノグラフィの研究を始めた背景やきっかけを含め、なぜ今、デジノグラフィのアプローチに注目すべきなのかを解説したいと思います。そもそもビッグデータにはVolume（大量）、Variety（多様）、Velocity（多更新）という3つのVで表される特徴があり、それは今まで見ることが叶わなかった生活者の実態を明かす、あなたの第三の眼とも言うべきポテンシャルを秘めたものです。

具体的な研究事例や分析の技法は2章〜4章にまとめていますので、1章ではまず、ビッグデータやデジノグラフィの概観をつかんでいただければと思います。また、手軽にビッグデータに触れられる、オープンな分析サービスやツールについてもこの章で紹介します。

1-1 ビッグデータはあなたの第三の眼

そもそもビッグデータとは?

さっそくデジノグラフィについてお話ししたいところですが、その前に、そもそもビッグデータとはなにか?というところから解説したいと思います。

ビッグデータには実は明確な基準や定義はなく、一般的には次にあげる3つのVを特徴として持つデータとされています。

Volume：大量のデータ

定量調査ではアンケートなどの形で数千件、数万件の回答を取得することがほとんどなのに対して、ビッグデータは数十万件、数千万件、場合によっては億単位のデータが集積されています。

Variety：多種類のデータ

取得できるデータの種類も多様です。ビッグデータにはデータベースに格納しやすい構造化されたデータだけでなく、画像を含めたSNS投稿、Web行動履歴、スマホのGPSから取得される位置情報といった、様々な非構造化データが含まれています。また、それらの多様なデータが相互に紐付いて大きなデータのまとまりを形成しています。IoTなど今後の技術の発達に伴い、取得できるデータはさらに多様になっていくはずです。

Velocity：多更新のデータ

多更新とは、データが更新、生成される頻度の高さ、ひいてはその即時性を表しています。これまでの定量調査では調査結果を集計するのにどうしても一定の期間が必要でしたし、調査自体の頻度も週次であれば非常に高い方でした。しかし、そもそもビッグデータは調査とは異なり、生活者の日常生活のデータが毎日自動的に少しずつ蓄積されていくものです。そのため、データはリアルタイムに近い速度でアップデートされていき、より今現在に近い状況が把握できるようになっているのです。

本書でも、この3つのV、Volume、Variety、Velocityを特徴として持つデータを、ビッグデータと定義することにします。

海外でのDigital Ethnography研究

デジノグラフィという言葉は日本ではこれまでほとんど使われていませんでした。しかし海外では、

Digital Ethnography【★1】あるいはVirtual Ethnography、Cyber-Ethnography、Netnographyといった類似した言葉がエスノグラフィ分野で定着しつつあります。

そもそもエスノグラフィは、フィールドワークの手法を駆使して特定のコミュニティで生活する人々の行動様式を観察し、記録する手法です。もともとは文化人類学、社会学の手法ですが、近年は商品開発やマーケティング分野でも、生活者のインサイト発見のために重要な手法として注目されています。

エスノグラフィのフィールドワーク手法は、自らが一員としてコミュニティに入り込む参与観察など様々なものがありますが、人々の振る舞いを直接観察する、ということに重きが置かれています。一方でインターネットの発達により、人々はオンライン上でリアルにない独自のコミュニティを形成したり、友人との間でもリアルよりオンラインのほうで密接にやり取りをすることが多くなりました。当然、エスノグラフィの分野でも、リアルだけでなく、オンライン上の人々の振る舞いをきちんと観察する必要があるのではないか、という問題意識が生まれたのです。

Digital Ethnographyなどのエスノグラフィの新しいアプローチも、そのような問題意識を出発点にして、早いものでは2000年前後から研究が始まりました。当初はオンラインファンコミュニティなどでのやり取りを観察するといったものでしたが、2000年代半ば以降はSNSや動画投稿サイトなどにも観察の領域が広がりました。また、2010年代に入ると、オンライン上のやり取りを研究者が直接観察するだけでなく、ビッグデータとしての量的な分析も含めた複合的なアプローチを

志向する動きが出てきています。【★2】

私たち生活総研が研究を行っているデジノグラフィもこの動きの中に位置づけることができますが、よりビッグデータの分析に比重を置いています。従来のエスノグラフィの行動観察の手法を基に、ビッグデータそのものを〝観察〟してしまおうというアプローチなのです。

隠れていたリアルも可視化される

「はじめに」でも触れた通り、デジノグラフィには隠されがちな生活者の本音や無意識をあばく、しかも今までにない高い解像度でその実態を浮かび上がらせる、という2つの特徴があります。

2章では「恋の悩み」や「夫婦喧嘩の種」といった生活者の本音の分析から、「スマホの画面スクロールの長さ」や「SNSでのセルフィーの撮り方」といった無意識の行動、さらには「コロナ禍で増加した行動」や「Wikipediaに見る人々の集合無意識」まで、人々の実際の行動や生声から見えてきた様々な発見をご紹介します。

また、3章では膨大なサンプルを抱えるビッグデータだからこそできる詳細な波形の分析、あるいはデータの多様性、多更新性を活かしたピンポイントな地点、時点などの分析についてご紹介していきます。

私たちがデジノグラフィの研究を進める中で見えてきたのは、デジタル空間上に蓄積されたビッグデータは、人々のオンライン上の行動に関するものだけではないということです。検索データやQ&Aサイトに寄せられる悩みの声は人々のオフラインの行動にも密接に紐付いていますし、家計簿データや位置情報データなどはオフライン行動によって生まれるデータです。これまで隠されていた、あるいは人々が気づいてすらいなかったリアルな生活実態も、デジノグラフィによって可視化されるのです。

生活者を見る第三の眼

これまで、私たちが生活者の意識や行動を調べる際には主に定量調査と定性調査という2つの眼が使われていました。

定量調査はアンケート形式で数百名以上の対象者に対して行われることが多い調査です。生活総研ではその中でも長期時系列調査を重視しており、20～30年というスパンで同じ条件の調査地域・調査対象者に対し、同じ質問での調査を定期的に続けています。長いスパンでの意識の変化トレンドを見ることで、将来の価値観や欲求の行方まで予測することが可能なのです。ちなみに、そのような調査には幅広い年代を対象として隔年で実施している「生活定点」調査や、調査対象者を特定の層に絞った「シルバー調査」、「子ども調査」、「家族調査」などがあり、全て生活総研のWebサイトで調査結果を公開しています。

一方の定性調査は、インタビュー形式のものやエスノグラフィ的な観察手法までを含んでおり、定量調査よりは限定的な対象者に対して深く情報を得ていくタイプの調査です。生活総研でもデプスインタビューや家庭など生活の現場を観察する調査はもちろん、街頭でも様々な調査を実施しています。中には、街頭で白Tシャツと黒パンツという似通ったコーディネートのファッションをしている人だけに声をかけ、周囲とファッションがかぶることへの抵抗のなさに関する意識を聴取するといった変わった調査【★3】もあります。

これまで私たちは、長期的な視点を含めた生活者の意識変化を読み解くには定量調査、生活者の中に生まれた兆しを深掘りするには定性調査、というように2つの眼を使い分けていました。そうした中で生活のデジタル化が進み、様々な生活者の行動や生声が調査という形によらずにビッグデータとして蓄積されるようになってきたわけです。そこには、これまでの2つの眼では見えなかった人々の暮らしの隠れた領域の情報、一人ひとりの行動としては微細過ぎて追うことが難しかった領域の情報があふれています。デジノグラフィはこれまで触れることができなかった情報を可視化し、あなたがより立体的に、奥深くまで生活者を見通すことを可能にする、いわば第三の眼なのです。

1-2 民主化されるビッグデータ分析

ビッグデータを手軽に分析できる様々なサービスが登場

この本を手に取った方の中には、「そうは言っても、ビッグデータの分析なんてしたこともない」、「自社にそのようなデータは蓄積されていない、どこにデータがあるのかわからない」という方も多いのではないでしょうか。

しかし、「はじめに」でも触れた通り、本書で紹介しているデジノグラフィのビッグデータ分析は、そのほとんどが「エクセルがある程度使えれば十分可能」な非常にシンプルなものです。また近年、検索データや位置情報、購買情報などのオープンなビッグデータを自由に分析できるサービスが、有償のもの、無償のものを含めて多数利用可能になっています。自前のビッグデータを分析するツールも、Ｗｅｂアクセスの解析はもちろん文章や画像の解析についても、最近ではプログラミングスキルが一切必要ないツールが出揃ってきています。

有償のビッグデータ分析サービスやツールであっても、これまでと大きく違うのは比較的初期費用を抑えて利用できるものが増えてきていることです。まとまった購入費用が必要なものもありますが、安価な月額制で利用できるものが主流になりつつあります。このようなサービスやツールはこれからもさらに増えていくでしょう。

民主化されつつあるビッグデータ分析

活用できる分析サービスやツールが増え、しかもＵＩが改善されていくことで、誰でも様々なビッグデータに触れられる環境が整備されてきています。そういった意味では、ビッグデータ分析は一部の専門家だけが行っていた時期を過ぎ、確実に民主化されつつあるのです。

同様の民主化が、２０００年代にはアンケート型の定量調査でも起こりました。インターネットリサーチの登場で、定量調査にかかる費用や期間はそれまでの訪問留置型や会場調査型などに比べて大幅に低下・短縮しました。それによって、中小の規模の企業にも定量調査データをマーケティングに活用する動きが広がったのです。また、調査対象者を自前で確保できる場合に活用できるアンケート画面作成、結果分析ツールもGoogleフォームなど無償のものが普及しました。今やアンケートリサーチ機能はTwitterなどＳＮＳや動画配信サービスにまで実装されています。

ビッグデータ分析も新たなサービスが今後も次々と登場してくるはずですが、ここでは本書の分析事例の中で活用・紹介しているデータソースで、有償あるいは無償で誰でも利用可能なものを参考に列挙しました。読者の皆さんの活用ハードルの低い無償のツールについては、分析事例で活用していないものも含めて掲載しています。

DS.INSIGHT（Web検索データ、人流データ）

https://ds.yahoo.co.jp/insight/

ヤフー・データソリューションが提供する月額制の行動ビッグデータ分析ツール。Web検索データは同時検索ワードや検索者の属性、前後の時期の検索ワードなど多角的な分析が可能。日本各地の人流データ（位置情報をもとにした滞在人口の変化など）を調べる機能も。

Googleトレンド（Web検索、動画検索、ニュース検索データなど）

https://trends.google.co.jp/trends/

Googleの提供する無償の検索トレンド分析ツール。Web検索に加えYouTube上での動画検索などが分析可能。最長で2004年からの長期時系列で検索動向を追うことができる。また、対象エリアは全世界なので海外の検索動向を追うことも可能。

Zaimトレンド（家計簿データ）

https://trends.zaim.net/

オンライン家計簿サービスZaimが提供する無償、有償の家計簿データ分析ツール。無料版は特定の品目や商品の1年間の支出の波形や、地域ごとの人気度、買う人の属性などが分析可能。有料版はECサイトを含む全ての店舗での購買傾向について詳細に分析できる。

V-RESAS（人流データ、消費データ）
https://v-resas.go.jp/
内閣府が開設した人流データ、消費データの可視化サイト。日本各地の人流データの他、各企業から提供を受けたデータを基に消費関連のデータも詳細に公表されている。コロナ禍での流行抑制とその後の経済再活性化のための情報提供が目的。

Insight Tech（生活者不満データ）
https://insight-tech.co.jp/
株式会社Insight Techが運営する「不満買取センター」に寄せられた生活者の日常生活における様々な不満に関する生声1900万件以上を分析する有償サービスを提供。自社内に蓄積されているユーザーの生声などを文章解析AIによって詳細に分析できる解析ツール、アイタスクラウドも提供している。

ついラン（Twitterデータ）
https://tsuiran.jp/rank
Twitter投稿のリアルタイム解析によるエンタテインメント分野のリアルタイムランキングサイト。

ドラマ、芸能人、映画、ラジオ、ゲームなど多様なジャンルごとのランキングの他、各キーワードをつぶやいているTwitterユーザーの「男女比」「年代」などの分析結果も確認できる。株式会社角川アスキー総合研究所が運営している。

誰もがマイビッグデータに触れられる時代

また、もう一つ重要な変化は、私たち一人ひとりが自分自身のビッグデータ、マイビッグデータを可視化できる環境の浸透です。

生活総研では2015年に『自分のデータは自分で使う マイビッグデータの衝撃』（著者：酒井崇匡 星海社新書）という書籍を発表しました。この書籍の中では、スマートフォンに蓄積されるライフログ、遺伝子検査、ウェアラブル端末、IoTなどの発展で私たちが手に入れることになる膨大な「自分の情報」＝「マイビッグデータ」が、価値観や生活にどのような影響を及ぼすのか、様々なフィールドワークや調査を通じて予測しました。

それから5年が経ち、私たちのスマートフォンには自分が歩いた歩数や、アプリやWebサイトごとのスクリーンタイム（閲覧時間）あるいは、保存された写真に誰がよく登場するのか、その人が映っている写真や動画がどのくらいあるのかなど、様々なデータが可視化されるようになりました。スマートウォッチなどウェアラブルデバイスを利用している方の場合、脈拍や睡眠時間などさらに詳細なバイタルデータが蓄積されているでしょう。

また、家庭という単位で見ると2014年から始まった電力メーターのスマートメーターへの置き換えが急速に進んでおり、2024年度には全国全ての家庭の電力メーターが置き換わる計画となっています。スマートメーターは30分単位で電気使用量を計測し、電力会社に送信します。そのデータは利用者も確認することができるので、従来はよくわからなかった、自分がどの時間帯に、どのくらいの電力を使っているのかが可視化されるようにもなっているのです。

このようなマイビッグデータを多くの人が利用できる環境が整ったということは、それらをアンケート形式の定量調査で生活者に直接聴取することも可能になった、ということです。マイビッグデータを自分でカウントしてもらい、それを聴取する新しいタイプの定量調査については3章の事例で詳しくご紹介します。

コロナ禍がこの変化をさらに加速させた

さらに2020年3月に本格化した新型コロナウイルスの感染拡大が、この変化を加速させました。特に人々の位置情報をもとに分析された各所の人流、人出についての情報は、感染拡大を避けるための重要な指標として報道など社会全体で活用されるようになりました。そのようなデータは無償で入手できるようになっており、2020年10月の段階では、携帯大手各社は自社の保有する位置情報データを基に、全国の駅や観光地など主要スポットの人出データを毎日公表しています。

また、先に挙げた内閣府が開設したV-RESASでは、日本各地の主要駅についての時間帯ごとの人流データをはじめ、人流、消費データがかなり詳細に公表されています。これらの取り組みはコロナ禍の収束後には終了する可能性もありますが、今後も社会的なビッグデータ活用が普及する、あるいは私たちがビッグデータの解析結果を天気予報のように日常生活で活用していく契機になる取り組みと見ることができるでしょう。

1-3 デジノグラフィ流、ビッグデータの歩き方

今和次郎の考現学

生活者インサイト発見手法としてのデジノグラフィを語る上で欠かせない人物がいます。それは、昭和初期（正確には昭和2年、1927年が初出）に「考現学」という学問分野を提唱した、民俗学研究者の今和次郎（こんわじろう　1888年－1973年）です。

今《こん》は大正から昭和にかけて活躍した民俗学者で、民家研究をはじめ、独自の視点から都市風俗の観察、服装研究などの調査研究活動を多岐にわたって行った人物です。

たとえば、今《こん》の著書『考現学』に収録されている「東京銀座街風俗記録」によると、今《こん》たちは関東大震災後の復興の中で変わりゆく街の通行人の姿について、服装や化粧・髪型、その形、色柄から小物の種類・持ち方にいたるまで、徹底したフィールドワークを実施。その様子を克明に記述するとともに、パーセンテージを併記して図示しました。

今《こん》が提唱した考現学は、街頭など特定の場所で観察される生活を余すところなく観察記録し、統計的にデータを処理した上で他の場所、時期との差を比較・分析する「一切調べ」という手法を基本としたところに大きな特徴があります。そして、生活総研も1981年の設立以来、この考現学の手

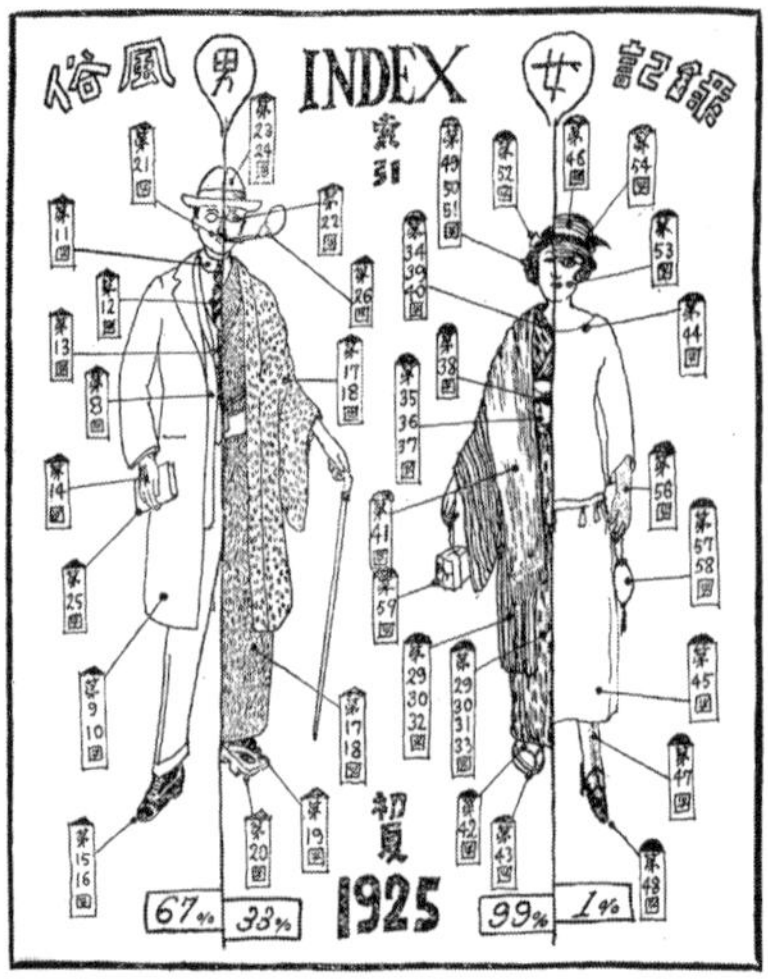

図1　今和次郎による「東京銀座街風俗記録」統計図表索引
（今和次郎著・藤森照信編『考現学入門』（筑摩書房刊）より）

法を研究アプローチの一つとして取り入れてきました。たとえば東西のファッションを比較研究するために、東京、関西の主要駅に80人近いリサーチャーを配置し、アニマル柄の服を着ている女性の率をカウントする、といったような手法です。

しかし、考現学的な手法には一つ大きな問題がありました。今《こん》の時代も、生活総研がその手法を受け継いでからも、調査に膨大な人手がかかるのです。そのため、生活者の研究手法として発展、定着しているとは言い難いというのが実情です。

一方で、今和次郎から100年近くの時を経て、カメラやセンサー、インターネットといった機械の眼が人々の行動を大量に採集し、ビッグデータとして蓄積してくれるようにもなりました。今《こん》が提唱した「考

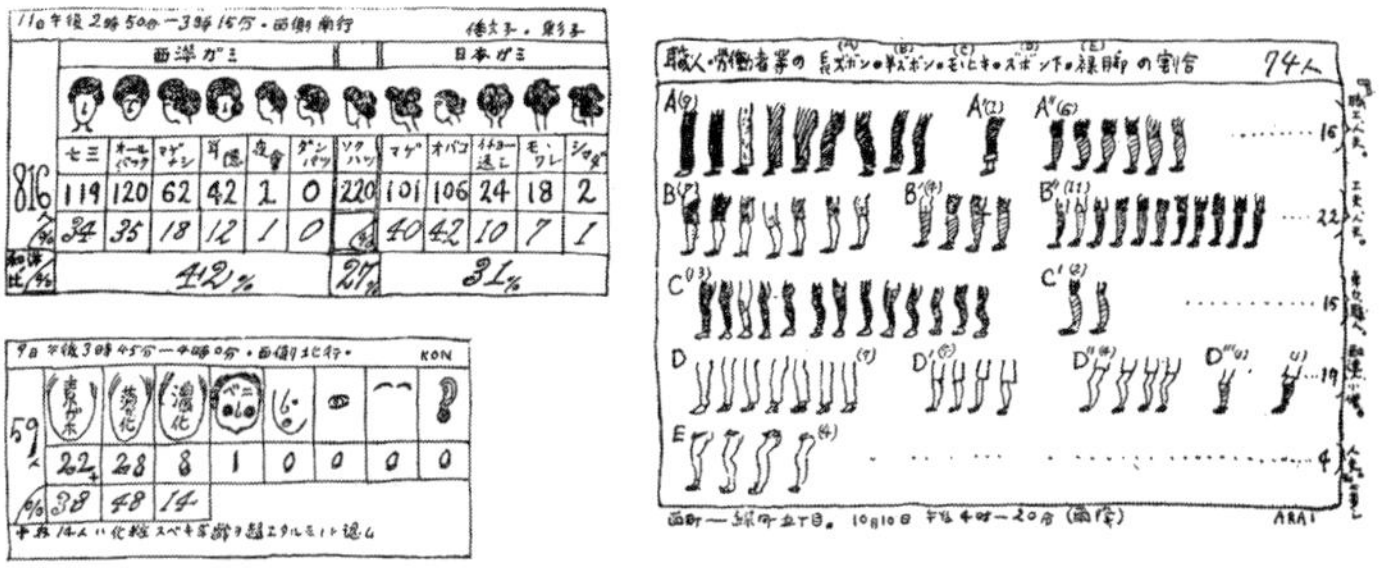

図2　今和次郎は服装や化粧・髪型その他細かな要素まで、徹底したフィールドワークを実施した
（今和次郎著・藤森照信編『考現学入門』（筑摩書房刊）より）

現学」が安定的に実現可能な時代になってきたのです。デジノグラフィは、彼が夢見た考現学の社会実装とも位置づけられるでしょう。

専門家が何とかしてくれる、という誤解

「はじめに」で、デジノグラフィで行うビッグデータの分析は専門的な知識をほとんど必要とせず、逆に言えば新しい発見ができるかどうかは、分析者の〝視点の切れ味〟にかかっている、と書きました。

ビッグデータの専門家というと、データサイエンティストやプログラマーのような職種が思い浮かびます。もちろん、そのようなスキルは分析の精度を高めたり、より高度で詳細な分析をするのに大変役に立つ、あるに越したことはないものです。

ただ、それよりも重要なのは最初の着想です。データサイエンティストは、あくまでも解析技術の専門家であって、新しい生活者分析の視点を着想してくれる人ではありません。最初の

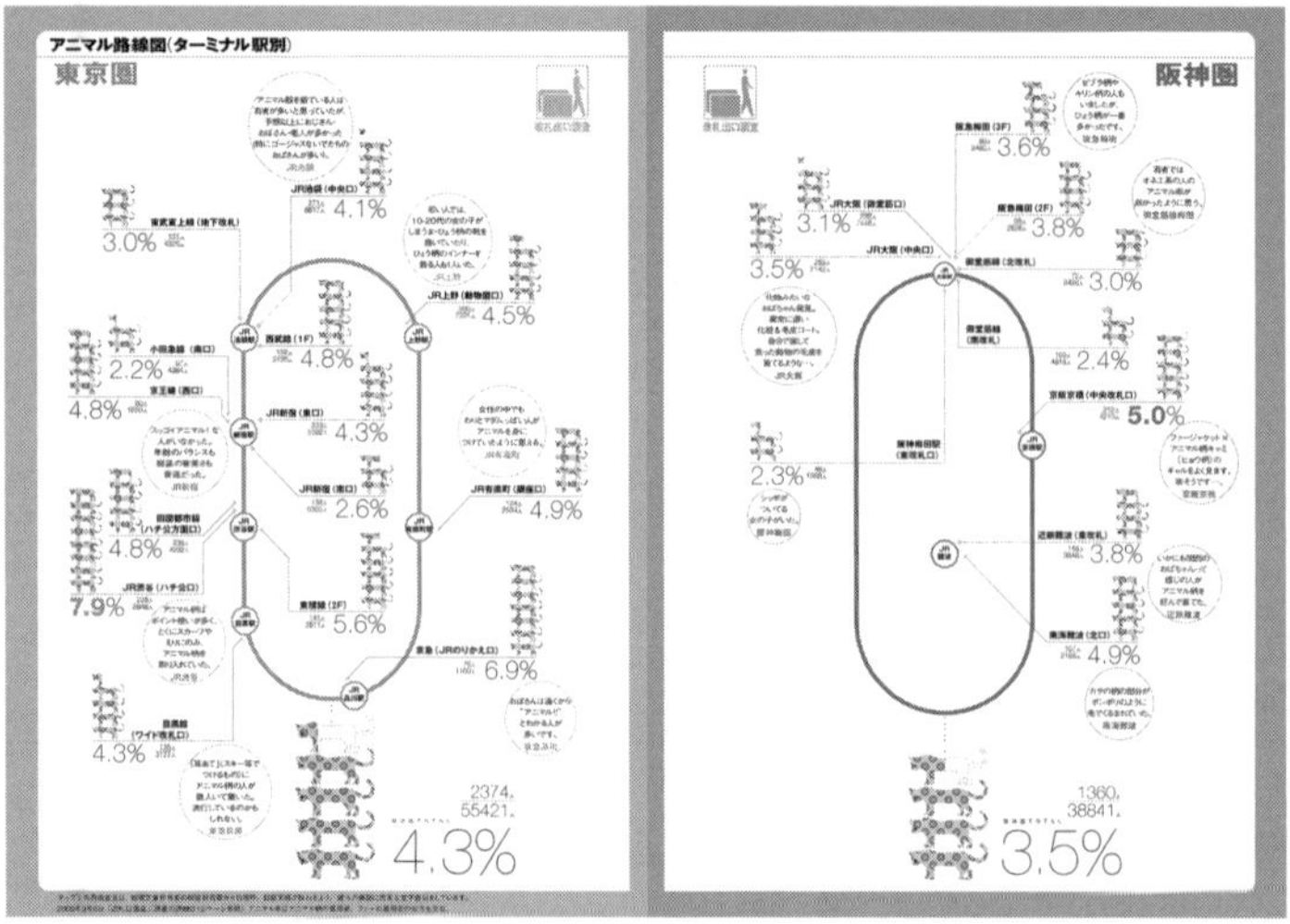

図3　博報堂生活総合研究所『生活新聞 No.413』より「アニマルファッション着用率比較調査」

着想は、生活者の隠れたインサイトを掘り出し、新しい発想、新しい価値を生み出したいと思っている人、つまりあなたがするしかないのです。

一方で、あなたがデジノグラフィの世界にその一歩を踏み出せば、面白がって協力してくれる人が周囲にきっと現れるはずです。生活総研のデジノグラフィ研究も、もともとは研究員の酒井崇匡が個人ブログ上で行った分析が始まりでした。

男と女、どっちがバカか?

酒井が行ったのは、歌詞検索サイトに登録されたポップスや歌謡曲、演歌の歌詞の中で、「バカな男」および、「バカな女」というキーワードが入っているものを抜き出し、無料の文章解析ツール【★4】で分析することで、バカな男とバカな女の特徴の違いを明らかにする、という何の目的もない、興味本位の分析です。今となっては笑い話ですが、当時はスクレイピング（プログラムによってデータを自動的に収集すること）もできなかったため、ひたすら歌詞検索サイトから手動でコピー＆ペーストしてデータを集めました。

しかし、この分析の結果が結構面白かったのです。「バカな男」を含む曲数は96曲、「バカな女」を含む曲は１０９曲あり、キーワード周辺の歌詞をテキストマイニングツールにかけたところ、意外な男女差が浮かび上がりました。

まず「バカな男」は「バカな女」に比べて、〝悲しい〟、〝つらい〟、〝弱い〟といった形容詞や〝人生〟のような抽象的な表現で自分を語りがち、という傾向が見つかりました。一方の「バカな女」は、意外と〝お酒〟や〝グラス〟といった酒に関連する表現が「バカな男」に比べて多く、また歌詞に含まれる動詞が多い。つまり「バカな男」に比べて能動的だ、という傾向が見られました。

失恋したのに強がって、一人悦に入るのが「バカな男」、グラスのお酒を飲み干して、その勢いで男を追っかける間違った機動力を持っているのが「バカな女」。同じバカでも、どうやら男女では方向性が違うようだ。

そんな強引な結論で分析は終了しましたが、この分析結果をデータサイエンティストを含む様々な方が面白がってくれたのがきっかけとなって、多くの研究が生まれ、デジノグラフィが手法として形作られていきました。

特にデジノグラフィの最初の一歩は、専門家や他の人の力を借りるよりも、多少手荒くても自分で分析の手を動かしてみることを勧めたいと思います。試しにこんなことやってみたというデータ分析のプロトタイピングを自力で行った上で、「もっと詳細にできないか」、「別のテーマでやってみたらこんなことに役立つのではないか」といった発信の仕方をすれば、きっと周りに協力者が現れてくるはずです。

『ダヨネの壁』を突破せよ

一方で、ビッグデータの分析はスムーズな一本道ではなく、ああでもない、こうでもないと試行錯誤を繰り返しながら進んでいくものです。特に私たち生活総研のデジノグラフィ研究チームには、「『ダヨネの壁』を突破せよ」という合言葉があります。

時間と労力を費やし、必死に分析してたどり着いた結果が、まあそういうこと「ダヨネ」（わざわざ分析しなくてもわかってたよね）という当たり前の結論になることが往々にしてあるからです。

それゆえ、私たちは常に「『ダヨネの壁』に阻まれない新しい分析視点はないか?·壁にあたったら、どうやってどうそれを突破するか?·」を考えながら、分析を進めます。壁を回避したり、乗り越えるための技法は4章で詳しく解説していますが、最も重要なのは、どうにかして面白い発見をしてやろう、という好奇心と、試行錯誤を楽しむ心を失わないことです。『ダヨネの壁』を乗り越えると、こんな面白い発見が待っている。そう感じていただけることを願って、2章、3章ではデジノグラフィの様々な研究事例をご紹介します。

★1 ロイヤルメルボルン工科大学に拠点を置くDigital Ethnographyの研究機関「DERC」
https://digital-ethnography.com/

★2 エスノグラフィの国際カンファレンスEPIC2018におけるセールスフォースのデータサイエンティストTye Rattenburyと、インテルのエスノグラファーDawn Nafusによるトークセッション
https://www.epicpeople.org/data-science-and-ethnography/
WENDY F. HSU. Digital Ethnography Toward Augmented Empiricism: A New Methodological Framework. The Journal of Digital Humanities. 2014, vol.3, No.1 Spring
http://journalofdigitalhumanities.org/3-1/digital-ethnography-toward-augmented-empiricism-by-wendy-hsu/

★3 博報堂生活総合研究所『白T黒パン街頭調査』
https://seikatsusoken.jp/miraihaku2019/shiro-t-kuro-pan/

★4 株式会社ユーザーローカルの提供するAIテキストマイニングツール
https://textmining.userlocal.jp/

2章

隠れた本音と無意識をあばく

ここからは具体的にデジノグラフィで生活者のどんな実態が明らかにできるのか、その実例を見ていきたいと思います。マーケティングでは通常、生活者の実態を知りたい時には定量的なアンケート調査や定性的なインタビュー調査がよく用いられます。しかし、アンケート用紙やインタビュアーの質問への回答は、あくまでも生活者が「その時点で記憶していること」です。忘れたことは話せませんし、そもそも自分がしていること、感じていること、考えていることを詳細かつ正確に記憶し、説明できる人はごく稀です。また、建前で本心や事実とは異なる回答をしてしまうことだってありえます。

だからこそ私たち生活総研では、アンケート調査をする時には生活者が普段考えてもいないような視点の質問を設定します。あるいは家庭訪問調査やデプスインタビューなどでは、生活者が思わず発してしまった一言や、何気ない無意識的な行動に細心の注意を払います。そこに生活者の本音を紐解く大きなヒントが隠れているからです。

一方、デジノグラフィの解析対象は、デジタル空間上のビッグデータに蓄積されている実際の行動や生声です。そこには生活者自身が忘れてしまったり、そもそも意識すらしていなかったこと、誰かに面と向かっては言えないような心の内も、包み隠さず存在しているのです。

この章では、デジノグラフィで明らかになった生活者の様々な本音や無意識の行動傾向をご紹介します。

2-1 建前抜きの、恋愛の本音をあばく

従来のエスノグラフィでは、観察対象者のコミュニティに自ら入り、そこで取り交わされる会話を注意深く観察する（参与観察する）のが王道の手法でした。しかしご存じの通り、現在では人々の会話というのはリアルな場だけで行われているものではありません。生活者の声はオンライン上にも無数にあふれており、その中には建前や人間関係のしがらみから解放された匿名の世界でなければ現れない声も多く含まれています。それを分析することで、これまで可視化されてこなかった生活者の心の奥にある願いや悩み、インサイトを見つけることができるはずです。

そこでまず私たちが取り掛かったのは、Q&Aサイト「OKWAVE」に投稿された「恋の悩み」5万件の分析です。恋愛をテーマに選んだのは、これまでのエスノグラフィでは最も本音を引き出しにくいテーマの一つだからです。狙いは的中しました。匿名性が担保されているネット空間上のQ&Aサイトだからこそ、様々な年代の恋の悩みがあふれていたのです。

20代女性は〝結果〟に悩む

具体的に私たちが行ったのは、Q&Aサイト「OKWAVE」の恋愛カテゴリー（2013年1月〜

２０１８年１月）に投稿された20代、40代、60代男女の質問から、年代と性別ごとにどのような恋の悩みを抱えているのかを解析することです。

同サイトに寄せられた20代、40代、60代における恋愛カテゴリーの総質問数は、分析時点から直近5年間で約５万件あり、そのうち20代の男性からの質問が１２５４７件、女性からの質問は２９７５１件ありました。トータルで４万件超えですから、他の年代と比べても圧倒的に20代男女が恋の悩みを抱えていることがわかります。

また、同サイトのユーザー全体の男女比がほぼ半々であることを考えると、20代女性は男性の２・4倍も質問しているというのも特筆すべき点でしょう。それだけ女性は恋愛の悩みを誰かに相談したいという欲求を強く持っていることの現れとも解釈できます。事実、現実社会でも、女性は友人に〝恋バナ〟をする機会が男性よりも多いでしょう。女性はそうやっていろいろな悩みや状況を吐き出すことで、気持ちを浄化するようなところがありますが、ネットの世界でもその傾向は共通しているようです。

20代の恋の悩みについて、質問文中の頻出ワードを男女別に解析し、それをランキング化したものが図４です。

20代男女それぞれの特徴的な頻出ワード上位を見てみると、女性には「酔う」や「お酒」など、酒にまつわる悩みが含まれていることに気づかされます。〝お酒の失敗〟は男性がするイメージが強かったため、これはとても意外な結果でした。

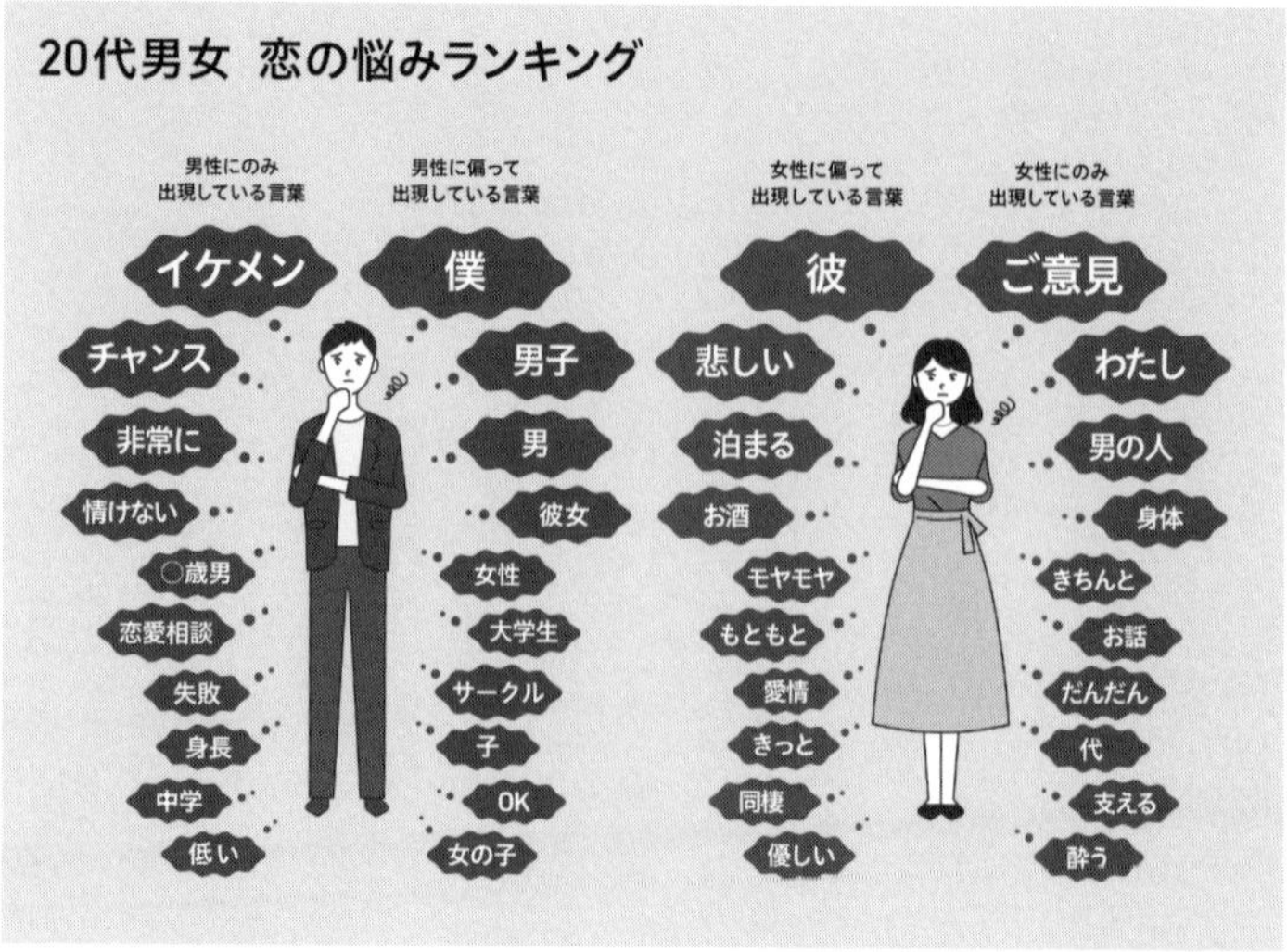

図4　20代男女 恋の悩みランキング（『OKWAVE』恋愛カテゴリーで2013年1月〜2018年1月に20代が投稿した約4.2万件の質問文中の頻出ワードを解析。各列1〜10位の順。）

他にも、女性にのみ出現するワードとして、「身体」も上位にあがっています。これは「身体の関係」についての悩みを指しており、具体的な質問内容をいくつかピックアップすると、「酔った勢いで体の関係を持ってしまった」、「泥酔してしまって関係を持ったけれど、そういう場合、男性は覚えているものだろうか（できれば忘れていてほしいのだけど）」、「酔った勢いでキスをしたけれど男性側は気があるのか？」というような投稿です。「酔った勢い」で何かしてしまうことは、男性にもあるはずですが、それに対して「失敗した」と感じて事後に悩みが深まるのは女性の特徴のようです。

ちなみに、「酔った勢い」というものに対しても男女で意識差があるようです。男性は恋愛でも仕事上の話でも、お酒が入ったほうが正直な気持ちが伝えられると考えている節があります。けれど、女性にとっては〝酔った勢いの言動〟というのは、かなり信用できないものだと捉えられている、ということがわかりました。

20代男性は〝可能性〟に悩む

一方、男性にのみ出現するワードを見てみると、2位に「チャンス」というキーワードが出現しています。具体的な質問を見ると、「恋のチャンスを逃した経験のある方に（回答を）お願いします」というものが20代後半の男性から投稿されていました。「気になる子がいたけれど声をかけられなかった、そのまま二度と会えない気がする、そのワンチャンスをものにできなかった…」という相談です。こういうところにもインサイトは潜んでいるもので、そういう機会損失感を男性は引きずりますし、その感覚を誰かと分かち合いたいという欲求があるのでしょう。

1位の「イケメン」という言葉も、男性にのみ出現していました。日常会話で「イケメン」と発するのは女性のほうが多そうですが、ＯＫＷＡＶＥに寄せられる質問を見ると「イケメン、イケメンとうるさい女についてどう思うか」、「結局イケメンじゃないとモテないのか」というような内容の質問が男性から多く投稿されています。インターネット上で「ただしイケメンに限る」というバズワードがありましたが、相当、男性は自分の外見のことを気にしているようです。

実は、女性にはそうした自身の容姿についての悩みはほとんど出てきませんでした。女性にとって外見はメイクなどで日常的に気にすることになっているため、あえてQ&Aサイトの、しかも恋愛の悩みに書き込みをする人は稀なようです。

20代男女の悩みを全体的に俯瞰すると、女性は酔った勢いの身体の関係など、既に起こってしまった〝結果〟に対して悩むのに対して、男性は逃してしまったチャンスや今後モテるかといった〝可能性〟について悩む、という対照的な傾向が見えてきました。

もう一つ、この分析で気になったのは男女で異なる言葉の選び方です。似たような感情を表す時に、男性は「情けない」と表現するのに対し、女性は「悲しい」という言葉を用います。

たとえば、「男で身長が170cmないと情けないと思われないか」といった外見の話や、「女性の気持ちがわからず情けない」、「これまで恋人ができたこともないのに、いまだに美人と付き合いたいと願っている自分が情けない」というような質問が男性側からありました。

一方の、女性の「悲しい」に関連する質問は、「5年付き合った彼と今日別れたけど、不思議と全然悲しくない」、「悲しい恋をしたあとに幸せな恋をした人の話が聞きたい」といったように、意外とそこまでネガティブではない質問内容が多く含まれています。

男性が「情けない」とウジウジ悩んでいるのに対して、女性は「悲しい」けれど、それは自分に問題があるということではなく感情の問題として処理している、ということでしょう。

実は性体験についての悩みでも、男性側には「情けない」というワードが多く出現しており、加えて特徴的な頻出ワード上位にも、「〇歳男」や「大学生」などプロフィールにまつわるキーワードが

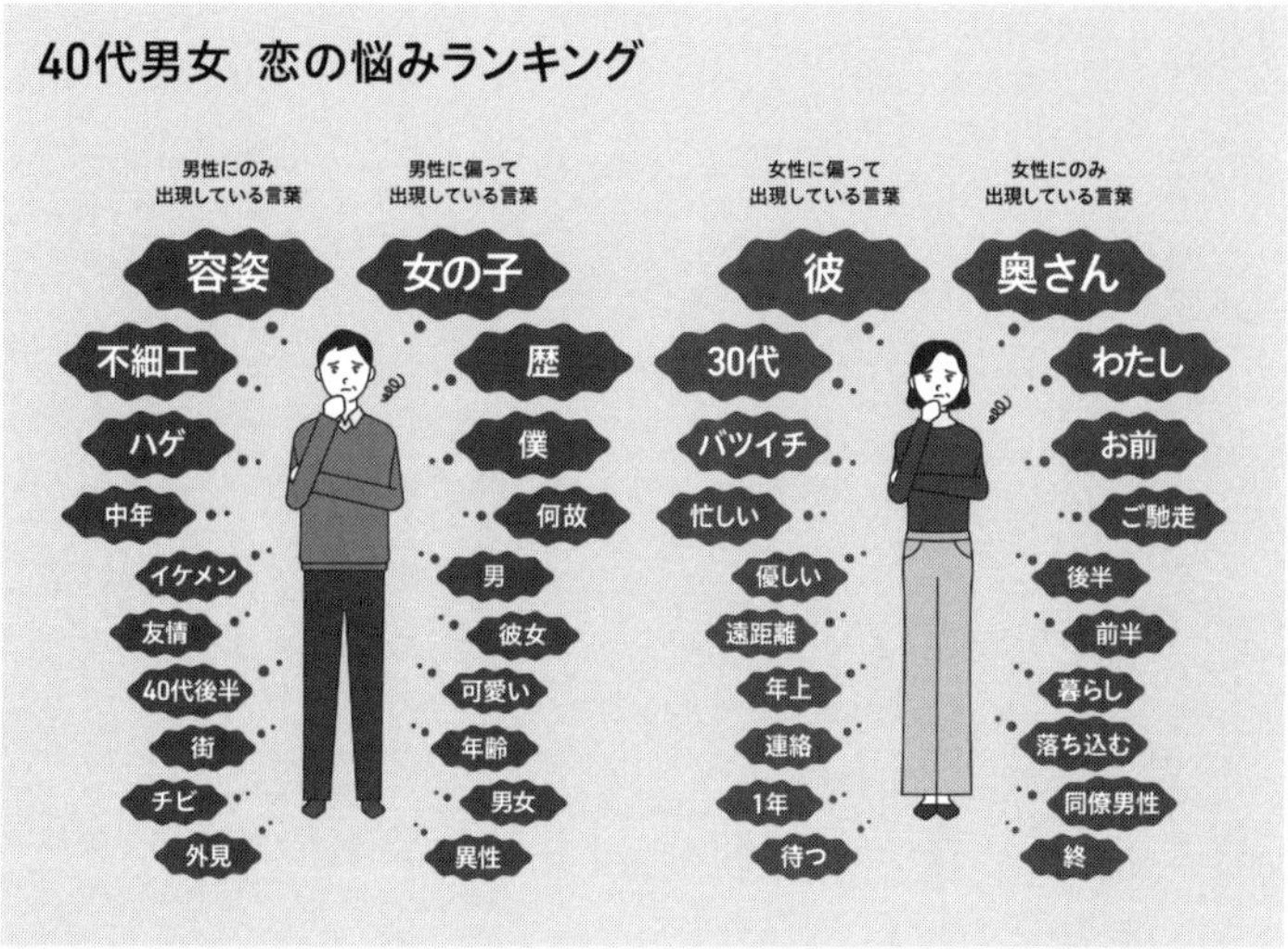

図5　40代男女 恋の悩みランキング（『OKWAVE』恋愛カテゴリーで2013年1月〜2018年1月に40代が投稿した約8千件の質問文中の頻出ワードを解析。）

出現しています。これもプライドと現実のギャップに苦しみ、ステータスを重んじる男性に特徴的な傾向と言えそうです。

40代でより深まる男性の容姿の悩み

では上の年代ではどうでしょう。40代男女の質問投稿数は、分析時点の直近5年間で約8000件。同期間の恋愛カテゴリー全投稿が約9万件なので、その1割弱を占めています。20代の分析と同様に、質問文中の頻出ワードについて男女それぞれにどのようなワードが特徴的に出てきたのかをランキングにしたのが図5です。

まず驚かされるのは、男性のみに出てくるワード上位のほとんどが「外見の悩み」であることです。具体的な質問内容では、たとえば「ハゲはダメか」という見た目のこと。他には「彼女ができない容姿とは?」、「髪型や清潔感、ファッションに気をつけているけど彼女ができないのはなぜ?」といった質問が投稿されていました。

20代でも、「イケメン」など容姿に関するワードは男性のみに頻出していましたが、その傾向は40代でさらに顕著になっています。この背景として40代になると容姿の悩みが年齢とともに新たに出てくるという点と、もともとあった容姿の悩みがさらに深くなるという2点が考えられます。20〜30代で仕事に打ち込み、趣味も頑張ってみたけれど恋愛がうまくいかないとすれば、最後は容姿を考えてしまうのかもしれません。いずれにしても男性のほうが容姿の悩みが深く、なかば卑屈になっているような面があるようです。

〝不倫とバツイチ〟に悩む40代女性

その一方で、女性のランキングには容姿に関するワードは上位に含まれていません。念のため今回の分析では頻出ワードを各年代の男女それぞれで1000語ほど抽出したのですが、その中でさえたとえば「美人」や「ブサイク」、「容姿」というようなワードは含まれていませんでした。どうも女性は、こと恋愛に限っていえば男性のように「美人でないと」とか、「容姿のせいで」とはあまり悩まないようです。

これは女性が全く容姿を気にしない、ということではありません。むしろ女性にとって容姿はあまりにも日常的に気にするものになっており、異性よりも同性の評価のほうが厳しい場合もあるため、恋愛というくくりで考えるものではなくなっている、と見たほうが良いでしょう。

また女性に特徴的なワードを見てみると、女性に偏って頻出している言葉の中に「遠距離」、「連絡」、「待つ」というワードが出てきています。具体的な質問例として、「婚活で遠距離はむずかしい?」や「連絡を待ってしまうのは未練がある証拠ですか?」、「忙しくて会えないという彼から連絡を待っている状態なのですが、どうしたらいいのでしょうか」といった投稿がなされています。

このような悩み自体は40代女性だけに限ったものではありませんが、20代に比べると悩みの背景により複雑な事情を抱えていることが多いと言えそうです。

たとえば女性にのみ出現しているワード1位が「奥さん」であることからも察する通り、この世代では〝不倫〟についての相談も多く見られます。

また「30代」というワードも女性に偏って頻出していますが、これは「30代の同僚が気になる」、「30代独身男性に聞きたい」といったように、年下への恋に関連した相談で出てくるワードでした。

他にも「バツイチ」というワードも女性に偏って出現していますが、こちらの具体的な内容は「婚活中の人が、バツイチかどうかメールなどで最初に聞いていいか」だったり、「バツイチ子持ちの人と恋愛を進めていいか」、「離婚して新しく彼女ができたら元妻と比較するか」といった、相手の男性の結婚歴を気にする相談が多いためです。

厚生労働省の人口動態統計の再婚に関する統計【★1】でも「男性が再婚で女性が初婚」というパターンのほうが「男性が初婚で女性が再婚」というパターンより多いため、女性のほうが相手の離婚歴を気にする機会が多いのでしょう。

このように、20代に比べて40代の女性の悩みは多様化していますが、容姿に悩んで悶々としている男性に比べ、女性のほうが次のアクションにつながりやすい能動的な相談が多い、ということが傾向として見えてきました。

60代女性は〝許したい〟

60代男女の投稿数は、合計で418件。全体の0・5%程度とさすがに少数派です。そもそも60代は恋愛から〝卒業〟している人も他の年代に比べて多いですし、Q&Aサイトに質問を投稿するのは同世代の中でもリテラシーが高い人に限られると考えられます。しかし、そんなレアな人たちの悩みがなんとか分析が可能なボリュームで捕捉できるのもまた、ビッグデータならではのメリットです。

図6は、60代女性の質問文の頻出ワード同士の主な関係性を抽出して、風船のつながりで示したものです。

60代女性の質問文には「浮気」という単語が最も多かったのですが、「許す」「過去」といった言葉

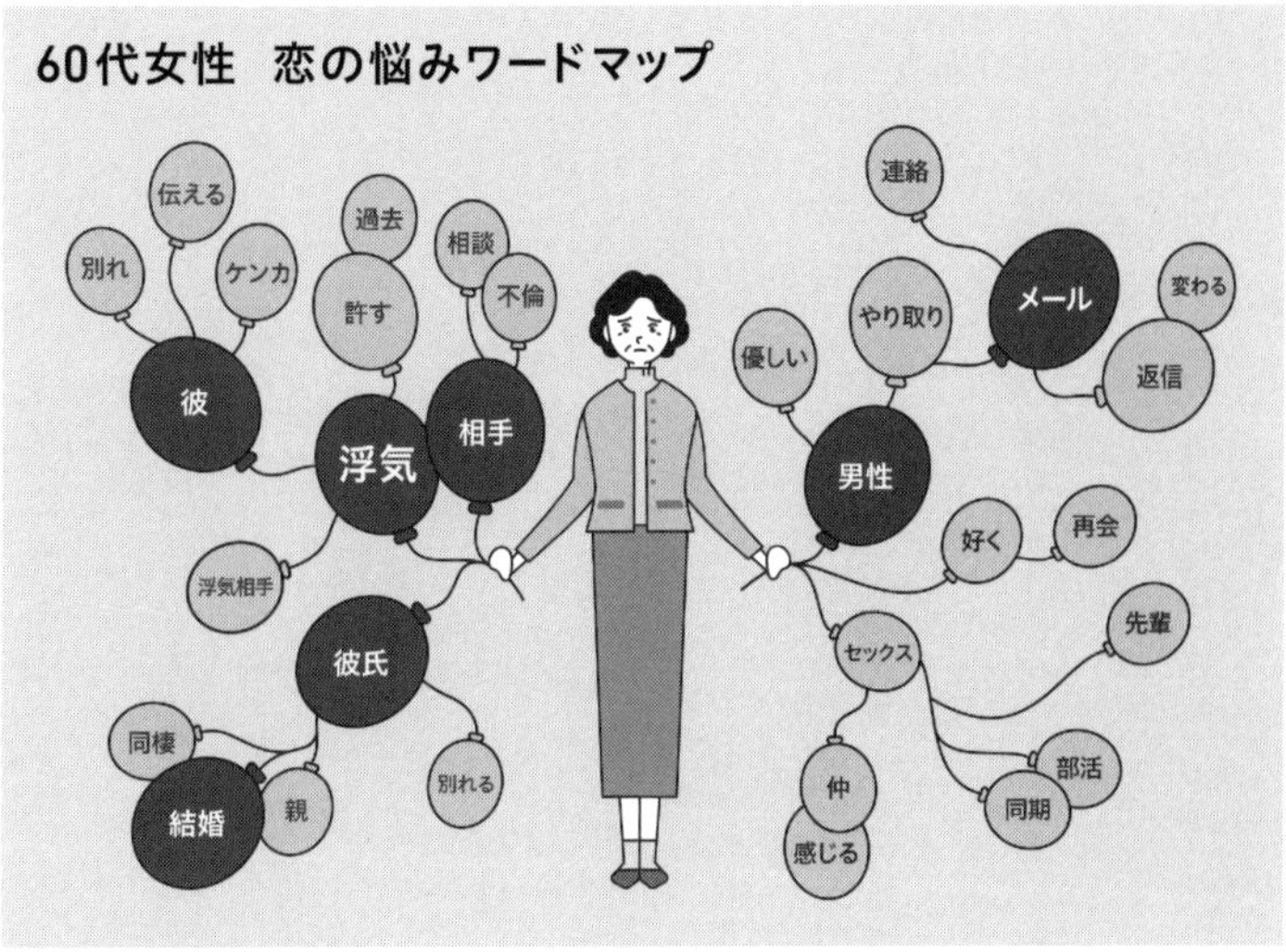

図6　60代女性　恋の悩みワードマップ（『OKWAVE』恋愛カテゴリーで2013年1月〜2018年1月に60代が投稿した418件の質問文から作成）

がそれに紐付いて抽出されました。具体的な質問を見ると、「かつて夫に浮気をされたことをどうやって許せばよいか」という、気持ちの決着のつけ方に悩んでいる様子が見受けられます。恐らく60代では、40代男女のように現在進行形の浮気に悩むというよりも、昔の浮気が気持ちの上では清算されずにモヤモヤし続けており、相手を許せないことで自分も苦しんでいる、という人が多いのでしょう。

　ちなみに、「許す」というキーワードで書籍を検索すると、「人を許す方法」について僧侶や作家、心理学者など様々な方が書いた本が出てきます。「許す」ことが必要になるのはどうも恋愛に限ったことではないようです。

　もしかすると60代というのは、恋愛に限

らず「許す＝寛容になる」ことが自分自身が幸せに生きるためには必要であると悟る年代なのかもしれません。

なお60代女性では、ユーザー登録上では60代の女性であるのに20代のふりをしてその年代の恋愛について聞いているケースも複数ありました。これはおそらくお子さんの恋愛について悩みがあって、そのことを娘と同じ世代の人に相談することが目的なのではないかと思われます。

20代、40代でも女性から「男性の方に質問です」といった質問は、相当数見られました。現実社会では、自分と違う世代の人、性別の人、属性の人に込み入った相談はし難いものですから、そのニーズをQ&Aサイトが満たしていると言えるでしょう。

60代男性は〝ちょいワル世代〟

一方で、60代男性はどうでしょうか。60代女性と同様に頻出ワード同士の主な関係性を抽出し、風船のつながりで示したものが図7です。

ワードマップ中の単語を見てみると、どうも60代男性は60代女性より恋愛に対する好奇心が強いようです。実際の投稿でも「街で声をかけられた時は嫌な思いをしますか、うれしいですか」など、ナンパに関する質問までありました。

それというのも、「ちょいワルオヤジ」を流行語にした男性誌『LEON（レオン）』（主婦と生活社）

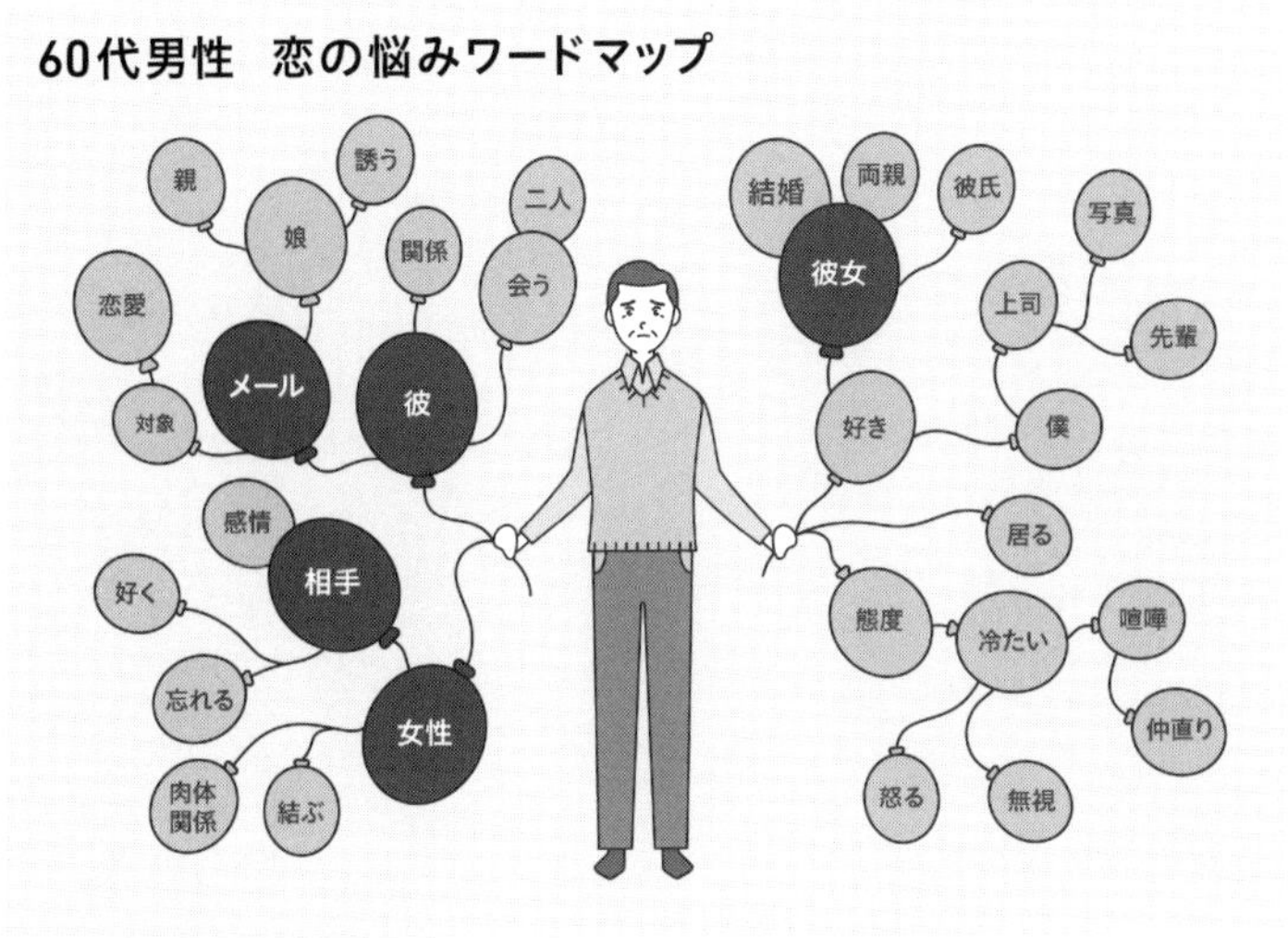

図7　60代男性　恋の悩みワードマップ
（『OKWAVE』恋愛カテゴリーで2013年1月〜2018年1月に60代が投稿した418件の質問文から作成。）

の創刊は２００１年で、それから20年経った現在の60代は、まさに『ＬＥＯＮ』創刊当時のターゲット世代なのです。

また、生活総研が行っている「生活定点」調査では「いくつになっても恋愛をしていたいと思う」という意識を１９９８年から聴取し続けています。【★2】１９９８年当時は男性の年代別では20〜30代が最も高かったのですが、最新の２０２０年調査で最も高いのは60代なのです。これは60代の意識が高まったというより20〜30代の意識が大幅に低下した影響も大きいのですが、相対的に見れば今の60代男性はかなり恋愛に積極的と見ることはできるでしょう。

従来のエスノグラフィの場合、観察対象者一人ひとりの発言や行動の定性的な観察に重きが置かれていました。だからこそ、分析結果については定量的なデータで検証したり、社会的な事象と関連付けて背景を探っていくことが重要でした。デジタル空間上のビッグデータを活用したエスノグラフィ、デジノグラフィでもそのような別データ、別視点での傍証は必要ですが、分析対象にできる生声の量が膨大なので、定量的な分析まで行うことも可能です。また恋に悩む60代のようなリアルでは観察対象自体が見つけにくいターゲットも掘り下げることができるのです。そして何より、リアルでは誰にも言えないような悩みや本音が匿名的なWebの世界にはあふれており、それを分析できるのはデジノグラフィの大きなメリットです。

2-2 ―夫婦喧嘩の本音をあばく

前項では男女の恋愛の本音を見てきましたが、男女の仲についても、ことさら夫婦の本音、夫婦喧嘩の中身は見えにくいものなのではないでしょうか。実は、夫婦喧嘩の火種を含めて生活者の日常的な不満をビッグデータとして蓄積しているサービスがあります。

生活者の不満や意見を買い取る「不満買取センター」を運営する株式会社Insight Techと、Insight Techが提供する文章解析AI「ITAS（アイタス）」を用いて「現代夫婦の不満」について共同研究をした際のお話をご紹介しましょう。この研究では、生活総研が30年間にわたり実施している夫婦を対象とした長期時系列調査「家族調査」を掛け合わせた分析を試みました。

怒りや失望が含まれがちな「妻から夫への不満」

「不満買取センター」には1日に1万5000件ほど、累計では2000万件あまりの生活者からの不満が集まっています。この研究では夫婦間の不満についての投稿に着目し、「夫から妻への不満」「妻から夫への不満」を抽出しました。すると「夫から妻への不満」2318件、「妻から夫への不満」5999件と、圧倒的に「妻から夫への不満」が多かったのです。

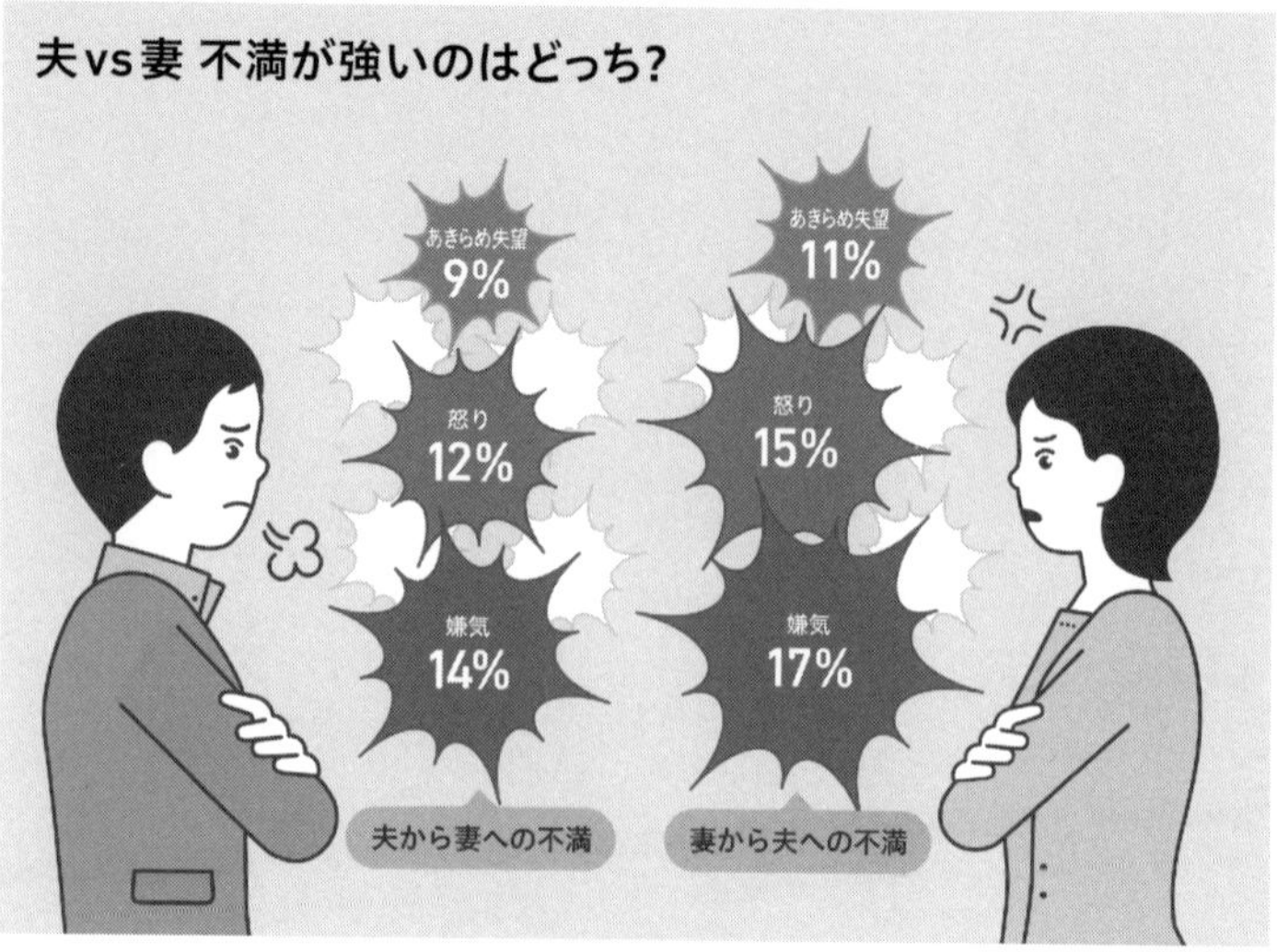

図8　夫vs妻 不満が強いのはどっち?（『不満買取センター』に寄せられた夫婦間の不満投稿のAI解析結果。図中の強い不満の他、「低不満」「ニュートラル」「ポジティブ」のいずれかに分類される。）

また、文章解析ＡＩ・ＩＴＡＳは、独自の構文解析技術により感情の方向性まで分類できるＡＩなのですが、不満の投稿内容を解析したところ、「妻から夫への不満」は感嘆符が目立ち、「怒り」や「あきらめ失望」といった強い不満の感情が含まれがちなことがわかりました。かたや「夫から妻への不満」は冷静な描写や独り言めいたもの、それに加え「昔に比べて冷たくなったなぁ」くらいの比較的淡い不満が多いといった特徴があり、夫婦では不満の温度感に差があることが読み取れました（図8参照）。

「一生懸命さの理解」が夫婦には重要

さらに、夫婦の不満投稿全８３１７件

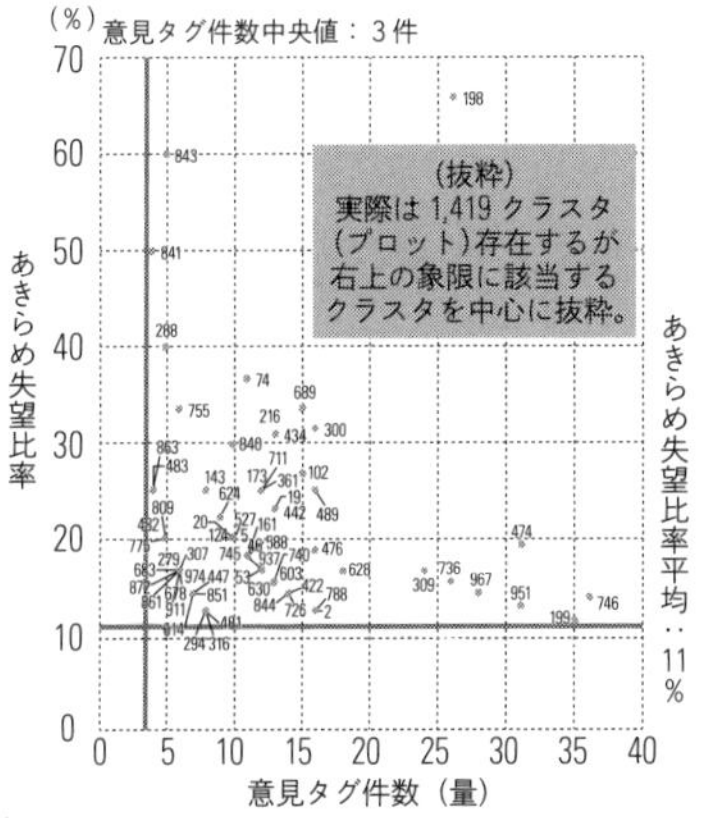

No	件数	あきらめ失望比率	代表的な意見タグ
198	26	65%	意味ガわからない
843	5	60%	話ガできない
841	4	50%	会話ガできない
288	5	40%	タバコヲ吸わないで
74	11	36%	片付けガできない
689	15	33%	会社ヲ辞めたい
755	6	33%	育児ヲしない
300	16	31%	トイレニ入り込んで
216	13	31%	できることヲやってほしい
434	13	31%	自分の予定ヲ変えない
840	10	30%	会話ガない
102	15	27%	離婚ヲしない
143	8	25%	リビングニポイする
361	12	25%	趣味ガ合わない
483	4	25%	スマホガ買おう
489	16	25%	スマホガほしい
711	12	25%	休みガない
863	4	25%	家ニいない

図9　妻から夫への不満：「あきらめ失望」の優先課題図（『不満買取センター』に寄せられた不満投稿のうち、妻から夫への不満 5,999 件より、意見タグ AI・可視化 AI・感情分類 AI を用い Insight Tech が作成。）

を1件ずつ感情分類ＡＩで「あきらめ失望」「怒り」などの感情別に分類した上で、特に注意すべき不満が抽出できる優先課題図マップという形でまとめました。

たとえば、図9の散布図は「妻から夫への不満」の中で「あきらめ失望」の感情を表している投稿として分類されたものを、横軸に意見の件数（ボリューム）、縦軸に「あきらめ失望」の度合いを取ってプロットしたものです。

本来の優先課題図上には不満のまとまりが1419あったのですが、こちらでご紹介している図には同じような意見が一定数あり、かつ感情としても「あきらめ失望」の比率が高いものを表示しています。「あきらめ失望」から見て不満投稿を選りすぐりしたもの、と捉えてください。

そして、その中でも特に夫婦にとってクリティカルな不満の中身を一覧化したのが右の表です。

意味がわからない・話ができない

・キッチンに行く用事があるのになぜゴミを持っていかず、テーブルに置きっぱなしなのか意味が分からない。
・旦那とはご飯中ぐらいしか会話が出来ないが、仕事の疲れからか基本的にあまり集中してもらえず。

リビング・トイレ

・自分の部屋があるのに、リビングに私物を置くのをやめて欲しい。
・夫がマンガや本を持ってトイレに長くこもっていたら、娘まで本などを持ってこもるようになってしまった。

一生懸命やってるのに

・一生懸命作ったご飯なのに、毎回ケータイいじりながらノロノロ食べるのやめてほしい。
・風邪を引き辛い。でも家事育児仕事をしなければならない。夫は休日午後から子供と遊ぶだけなんて心底羨ましい。夫と入れ替わりたい。

図 10　妻から夫への不満投稿：「あきらめ失望」に分類されたもの
(『不満買取センター』に寄せられた不満投稿から抜粋。)

妻から夫への不満として圧倒的に出てくるのは「夫の言っていることの意味がわからない」、「夫と話ができない、会話ができない」といったコミュニケーションに関する不満です。それ以外では「片づけしてほしい」や、「部屋をもう少しきれいにしてほしい」など、リビング回りなど生活空間そのものに対する不満も多数あります。なお、家にいるにもかかわらず家事や育児をしてくれないことに関する不満は夫婦共通に存在しました。

実際の生声をまとめたのが図10です。コミュニケーションへの不満やリビング・トイレの使い方への不満など生々しい声に混じって、「一生懸命やっているのをわかってほしい」という不満が散見されたのが印象的でした。もう少し向き合ってほしい、ちゃんと話をしたいという本心が、根底にはあるのかも

文句・愚痴が多い

・優しくて気持ちが落ち着いてるところが好きだったのに、結婚してからすぐ怒るようになって文句が多い。
・残業が忙しいのはわかるけれどもその不満や愚痴ばっかり聞かせられる。

電気のつけっぱなし

・つけた電気を消さないことに疑問と不満を覚える。何度言っても消さない。もう30年も言い続けてきた。
・電気をつけて寝るな。消し忘れなんてありえない！ 眠くて寝室に行ったのだから、すぐ消灯でしょ！

靴下の脱ぎっぱなし

・靴下をそこらへんに脱ぎっぱなしにしないでほしい。
・たまに手伝おうか？って言ってくるけど、手伝いやないねん！あんたも当事者やねん！！！
唯一の靴下の片付けすら、1ヶ月以上放置なので、家族の靴下全然ないし！靴下片付けろよ！！！！！！！！！！！！！！

図 11　妻から夫への不満投稿：「怒り」に分類されたもの
（『不満買取センター』に寄せられた不満投稿から抜粋。）

しれません。

同様に、「怒り」に分類された不満の生声が図11です。電気のつけっぱなしや靴下の脱ぎっぱなしなど、家計に直結するようなものや生活空間そのものに対する不満も多数あります。逆に言えば、これらのことは男性にとっては大したことでないように見えて、女性にとってストレスが溜まりやすいポイントなのでしょう。

ロングデータを、ビッグデータで血肉化する

では、このような夫婦喧嘩にはどんな背景があるのでしょうか。生活総研が1988年から2018年までの30年間、10年ごとにサラリーマン世帯の夫婦を対象として実施しているアンケート調査「家族調査」［★3］の

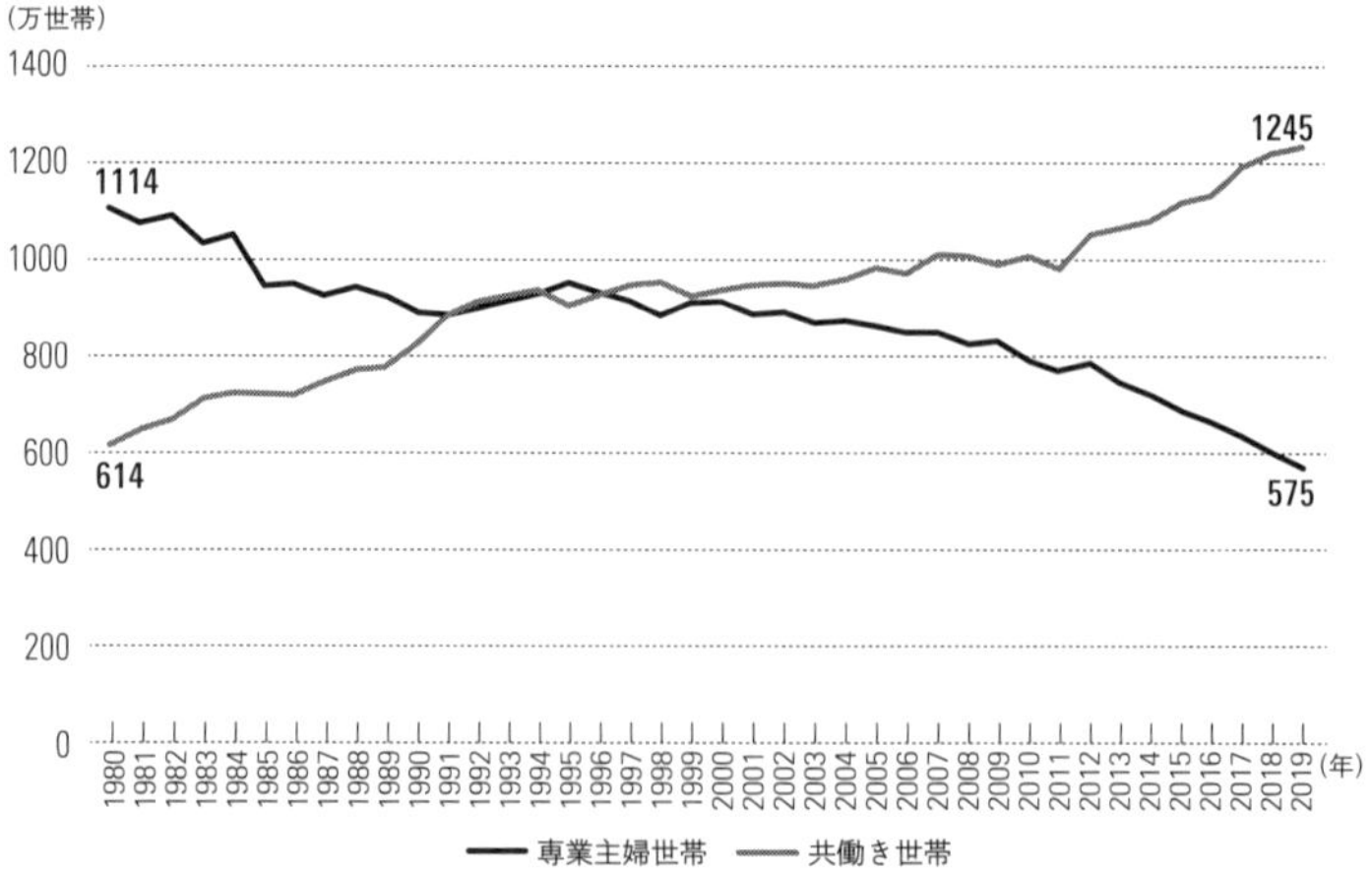

図 12　専業主婦世帯と共働き世帯の世帯数推移（労働政策研究・研修機構の公表データをもとに作成。資料出所は厚生労働省「厚生労働白書」、内閣府「男女共同参画白書」、総務省「労働力調査」。）

データなども交えながら、夫婦の不満の背景を読み解いていきましょう。

まず、前提として押さえておきたいのは、女性の専業主婦の割合がこの30年で減り、共働きの夫婦が増えてきているということです（図12参照）。家事・育児の不満は夫婦共通に出ていましたが、妻側ではその分担が自分に偏っていることへの不満が目立っていました。これには共働きしている中で、家事・育児も夫側がきちんと分担してほしいという事情も影響しているはずです。

また、今回抽出された不満の声では「夫から妻への不満」よりも「妻から夫への不満」が圧倒的に多かったのが特徴的でした。この背景として、女性の社会進出に伴い、夫婦のあり方も変わってきたことが関係していると考えられます。「家族調査」のデータでは、家庭内での発

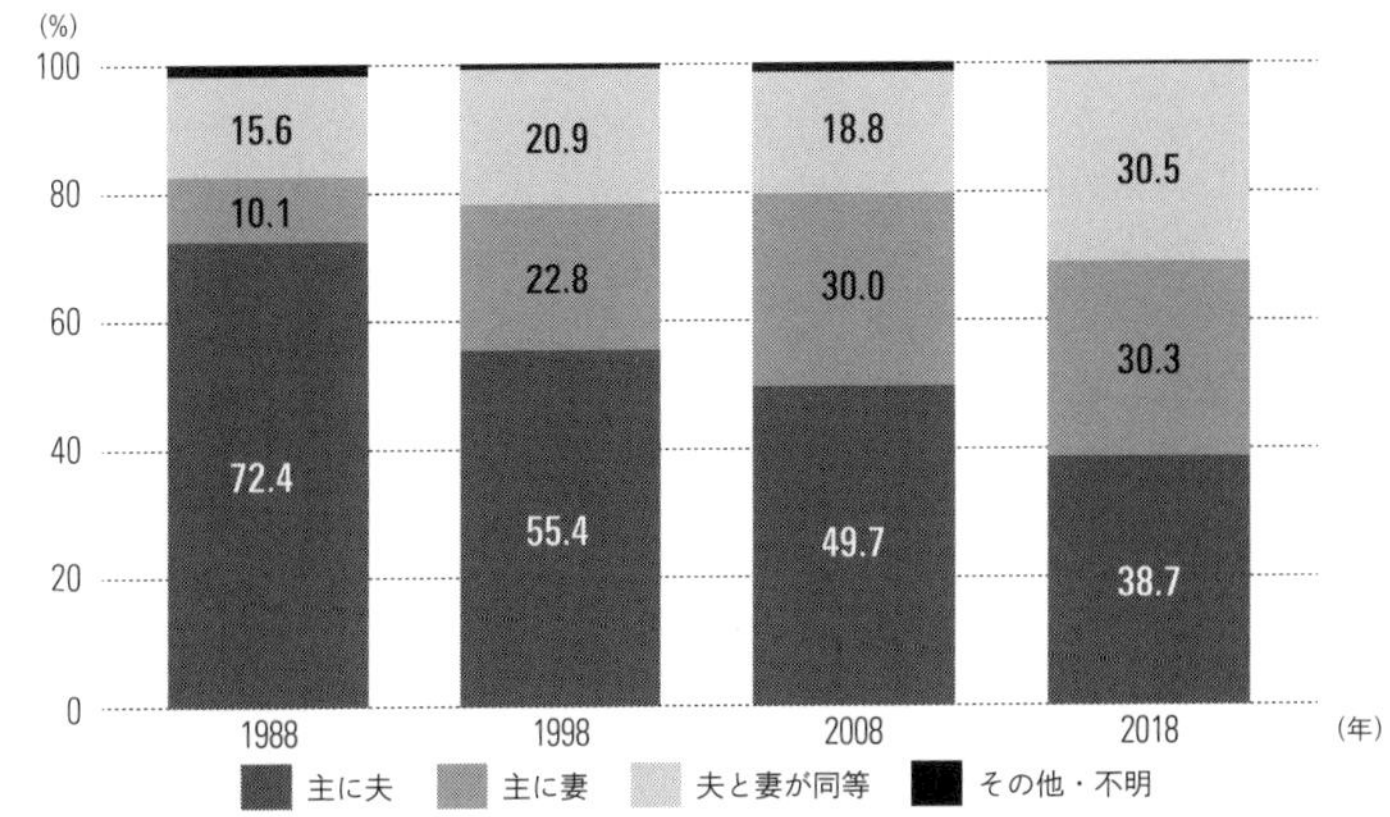

図 13　総合的決定権を持っている人
（博報堂生活総合研究所「家族調査」）

言権や総合的決定権は長らく夫の権力が強い状況でしたが、「妻の力」が10年ごとに強くなり、2018年には夫・妻がほぼ同等になっています（図13参照）。

実は夫婦喧嘩の頻度も「よくする」「時々する」と答えた人の率は1998年は42・3％、2008年は51・3％、2018年は52・7％と、年々増えています。夫婦の関係が対等になり、意見を言い合えるようになってきたことが背景にあるのでしょう。

さらに夫婦喧嘩の原因も聴取しているのですが、2018年の妻の回答としては「子どものこと」が44・3％、「家事のこと」が27・5％、「夫のこと」が36・2％となっています。かたや夫の回答としては「子どものこと」が43・8％、「家事のこと」が24・9％、「妻のこと」が18・1％。「子どものこと」「家事のこと」は夫婦共に同じぐらいの割合ですが、

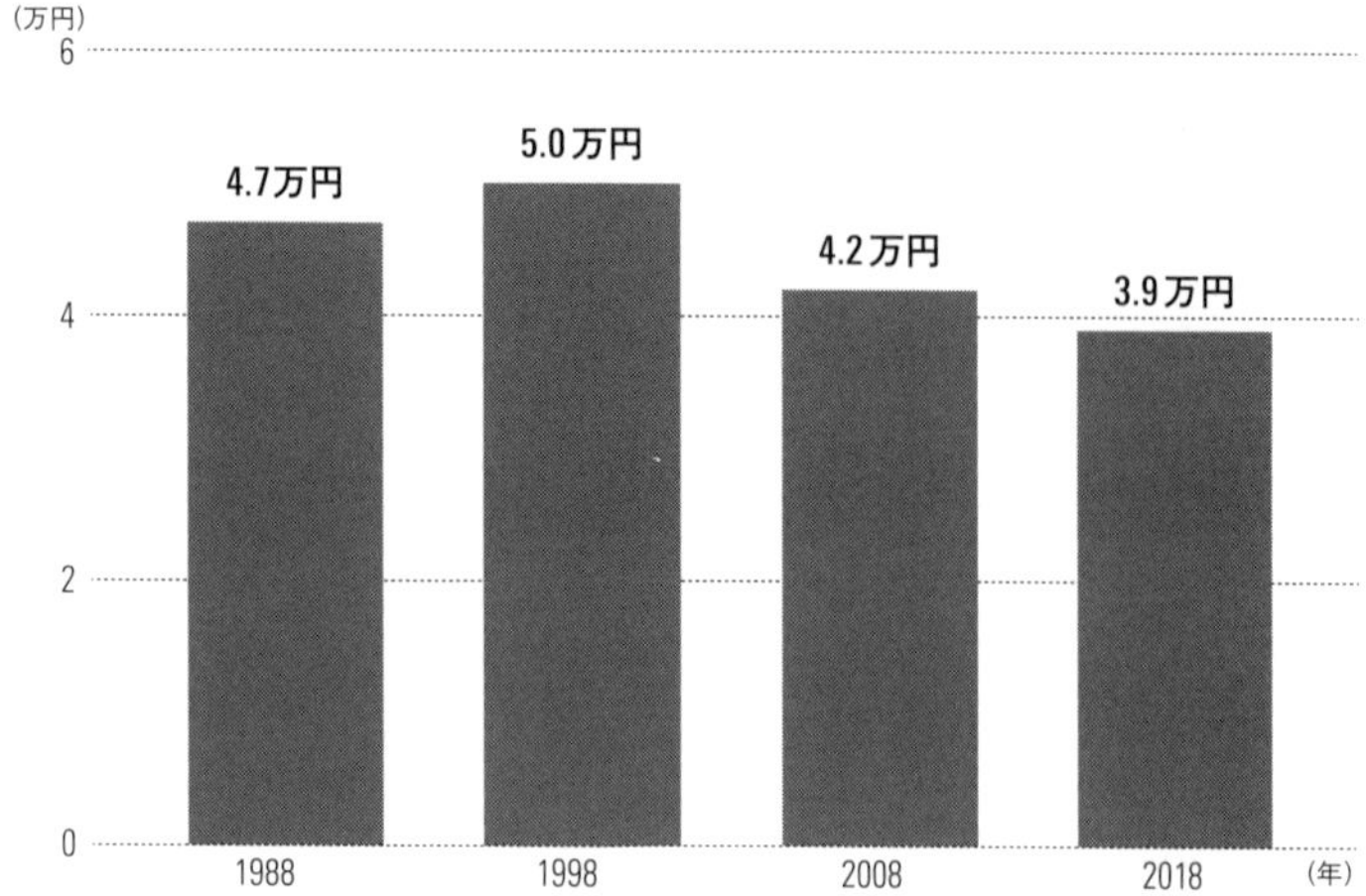

図14 夫の1ヶ月のこづかい平均値
（博報堂生活総合研究所「家族調査」）

相手に原因があると回答した率は、妻のほうが夫の倍、という結果は不満投稿の分析結果とも重なります。

ちなみに、「夫から妻への不満」には、「お小遣いを上げてください」という声が多くありました。実は「家族調査」でも月平均のお小遣い額は、年々減っています。1998年のピーク時の5・0万円が2018年に3・9万円に減少しており、20年間で1万1000円減です（図14参照）。

総務省統計局「家計調査」によると、勤労者世帯の世帯年収は1990年代後半をピークに下がり、現在は微増こそすれど回復はしきっていません。内訳を見てみると夫の年収が減り、妻の年収でそれをカバーしている部分もあるので、夫のお小遣いは下がってもやむなし…みたいなところもあります。

このように生活総研では、定量的なアンケート調査を数十年という単位で継続的に実施しているからこそ、長期的な視点で生活者の変化を追うことができます。そのため、私たちは長期時系列データをビッグデータと対を成す重要なものとしてロングデータと呼んでいます。一方で、「喧嘩の原因は何か、特に深刻なのはどんな原因か」といった定性的な観点については具体的な生声を分析する必要があり、それはビッグデータの領域なのです。この研究は、ロングデータがビッグデータによって血肉化した事例ともいえるでしょう。

2-3 生活者自身が知りえない、無意識の行動をあばく

アンケートもインタビューも、有用であり続ける

ここまで、アンケートやインタビューでは建前の後ろに隠れている生活者の本音を、デジノグラフィで明らかにした具体例を見てきました。

ただ誤解のないようにしておきたいのは、アンケートやインタビューなどの調査手法がもはや時代遅れだ、ということでは全くなく、生活者を知る上でこれからも有用であることに変わりはないということです。むしろデジノグラフィの研究を進める中で、これらの手法がどんなにありがたいかということも身にしみてわかってきました。

その最たる例が、生活総研が1992年から実施している「生活定点」調査のような長期時系列調査です。「愛を信じるか」、「今、幸せか」といった様々な意識について30年近くにわたってデータを蓄積できるのは、アンケート票に沿って自分の今の認識を記入する、という非常に再現性の高い調査手法のお陰です。この手法を継続する限り、「愛」や「幸せ」という言葉の意味が大幅に変わらない限りは時系列で変化を分析することが可能なのです。

当たり前のことを言っているように思われるかもしれませんが、ビッグデータはまだ歴史が浅いと

いうだけでなく、データ取得のベースとなっているサービスの流行り廃りやサービス内容の変更、ユーザー属性の変化などによって大幅に得られるデータが違ってきます。考慮すべき変動要素が非常に多く、同一条件で収集したデータを長期時系列で比較する、ということは非常に難しい部分があります(それを何とか実現しようという取り組みも生活総研では行っていますが)。意識というフィルターを通すことで、忘却や曖昧さ、見栄や建前、バイアスなどはあるものの、それだけ安定的に聴取が可能になるのです。

また、そもそもデジノグラフィで観察ができるのはあくまでも人の行動や生声です。その要因、背景としてどんな意識があるのかは推測するしかありません。逆のアプローチとして、「愛を信じている」人に特徴的な行動を定義する、というのもありえますが、これもなかなか難しいところがあります。婚活サイトでパートナー候補を検索する条件として、「性格」、「年収」、「学歴」など何を設定するかを観察すればわかるんじゃないか?という様な議論も(真面目に)しているのですが、特定のシチュエーションとターゲットに限定され過ぎているきらいもあります。「愛を信じるか?」、「今、幸せか?」というように、意識や価値観を直接、生活者に聴取できるという時点でアンケートやインタビューはこれからも生活者理解にとって重要なものであり続けるでしょう。

私たちも、デジノグラフィとアンケートやインタビュー、それにフィールドワークなどの従来からの手法を常に行き来して、行動と意識両面から生活者を捉えることを意識しながら、日々生活者研究を行っています。

記憶すらされていない無意識の行動

さて、本題に戻って、デジノグラフィによって明らかにされた生活者の無意識的な行動傾向を見ていきましょう。デジタル空間上には、検索から買い物、記事・動画視聴まで、生活者の様々な行動データが蓄積されています。その多くは生活者に意識すらされていないものですが、詳細に解析することで思わぬ傾向が見えてくることも多いのです。

特に多様なサービスを内包しているポータルサイトには、それだけ多くの行動データが蓄積されています。ヤフー株式会社との共同研究では Yahoo! JAPAN に蓄積されたオンライン行動データの解析から、時間の使い方に関するこれまで見えなかった年代差が明らかになりました。

画面スクロールの長さで年代がわかる？

たとえば、スマホで画面スクロールをする長さにも、実は年代差が現れているんです。

スマホ版の Yahoo! JAPAN トップページには、検索窓や各種サービスのアイコン、トップニュースを扱うヤフートピックスの下にも多くの記事が並んでいます。この「タイムライン」といわれる部分には、ユーザーごとに個別最適化された記事タイトルが表示されています。ユーザーはタイムラインをどんどん下にスクロールして、気になる記事があったらタップして内容を読むのですが、ではどのく

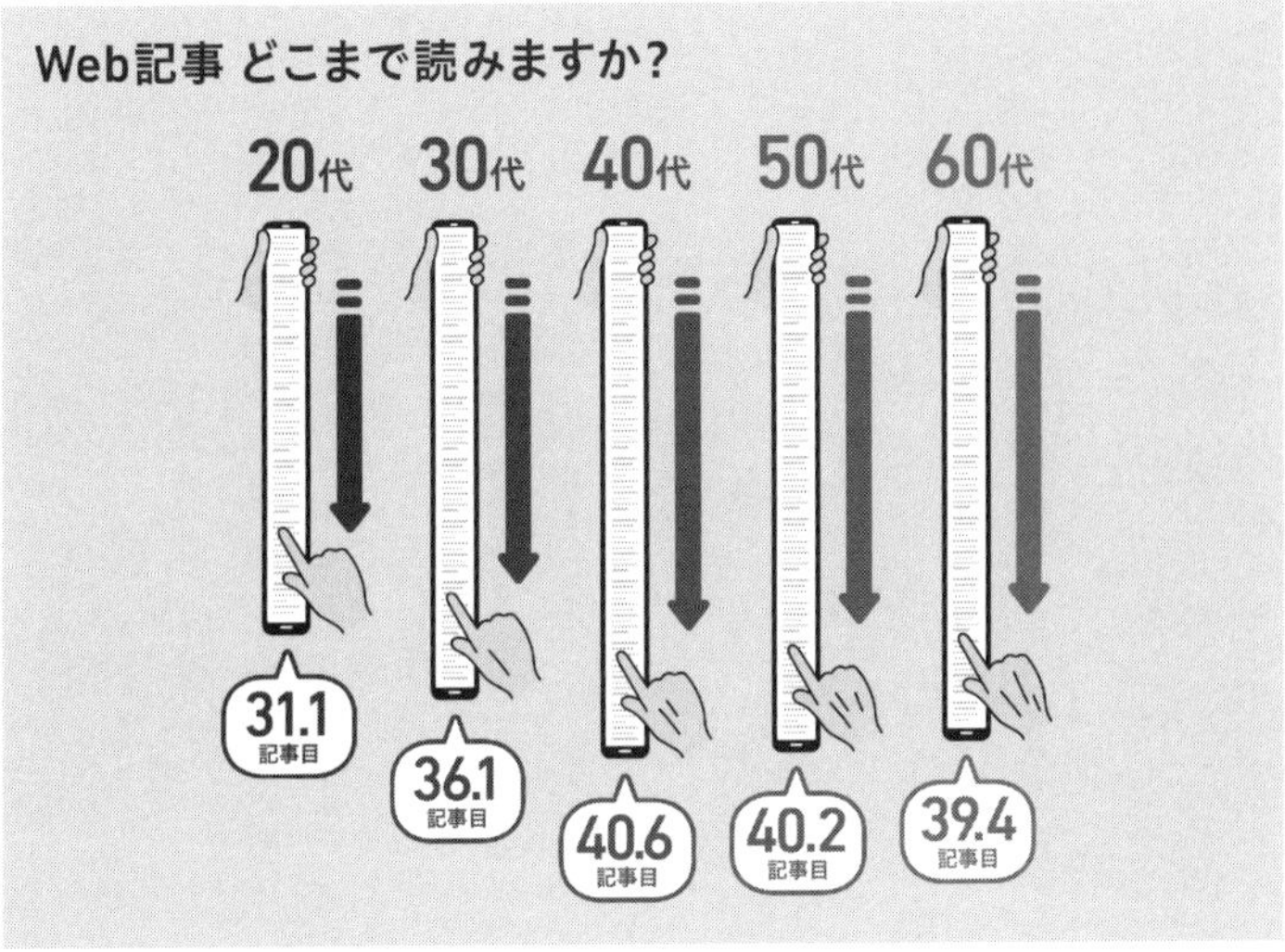

図15　Web記事 どこまで読みますか?（スマホ版『Yahoo! JAPAN』トップページにおいて、ユーザーが1日にクリックしたなかで最も下部に表示されていた記事の表示順位平均値。集計期間は2019年9月1日〜30日。）

らい下の記事まで読まれているものなのか。ユーザーが1日にタップした中で最も下部に表示されていた記事の表示順位を計測し、年代別にその平均値を算出したのが図15です。

実は40代が最も下部、40・6番目の記事までじっくり目を通していることがわかります。50〜60代も40番目前後まで見ているのに対して、30代は36番目、20代は31番目までしか見ていません。20代は40代に比べ、約10記事分もスクロールが短い、ということになります。

このような年代差が生まれた背景にはいくつかのことが考えられます。一つは、若い年代は上の世代に比べてチェックする情報源が多いということです。40代以上は暇つぶし感覚も含めてタイムラインの下部までじっくり見ている人が多いのに対して、20代は一定の情報を仕入れたら切り上げて、ＳＮＳなど また別の情報源のチェックに移る、あるいは気になる記事があった時点で検索窓に関連するキーワードを入れて、関連情報を別のサイトに掴みに行こうとするのです。

またもう一つの要因は、若い年代ほど隙間時間がさらに細かくなっている、ということです。スマホを手に取るタイミング自体が生活の中の隙間時間であることは全年代で共通しています。しかし、様々な情報源を使いこなす若い年代はスマホを見ている時間さえも細切れになっています。ＬＩＮＥを送って返ってくるまで、Twitterにつぶやいて反応のレスが来るまでといった「隙間時間の中の隙間時間」の中でパッと記事を見る、というような行動が増えると必然的に一回当たりのスクロールの長さは減る、というわけです。

20代は50代の1・2倍速で商品を決める

若い年代が短いのは画面スクロールだけではありませんでした。続いて、ユーザーがYahoo!ショッピングに訪れてから、最初に注文ボタンを押すまでの平均時間を見てみましょう（こんなデータまで取れるんです）。

50代が一番長く18分53秒なのに対して、20代は15分48秒と3分以上の差がありました。速度に変換すると20代は50代の1・2倍速で買い物をしている、ということになります。

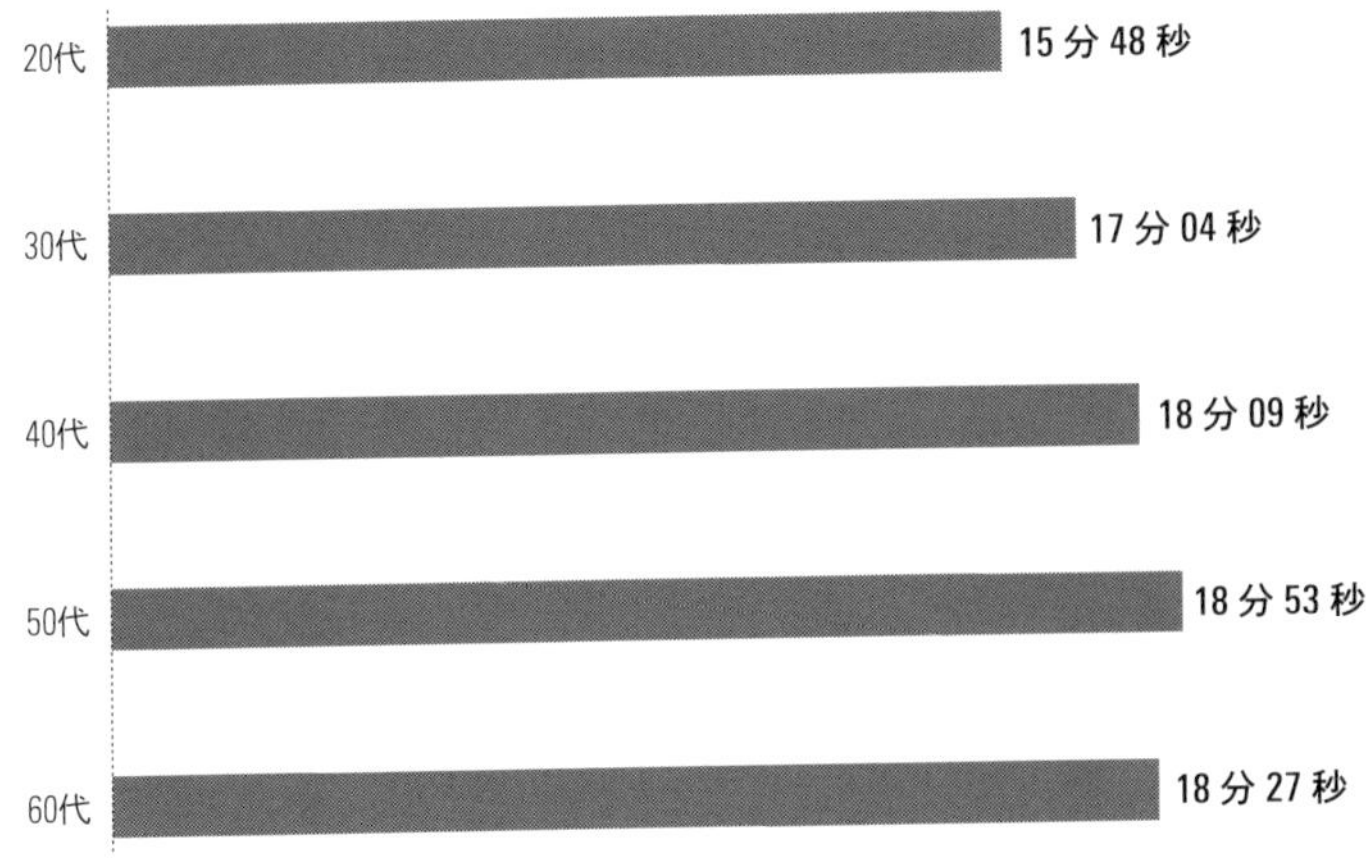

図16　各年代の商品購入までの所要時間（ユーザーが『Yahoo! ショッピング』においてセッションを開始してから最初に注文ボタンを押して処理が完了するまでの時間を全デバイスで計測。2018年4月〜2019年3月の平均値を年代別に算出。）

単純に若い年代のほうがスマホの操作に慣れていて、操作する速度が速い、ということもあるでしょう。また、若い人ほど買うものが最初から決まっていたり、上の年代ほどは比較検討をしないということもありそうです。実際に、研究に参加した若手マーケターからも「Instagramで気になった洋服のイメージを普段からストックしていて、自分が買える価格帯のものに出会えたら、そこで決めて買ってしまう。サービスによってポイントの付与率なども違うとはいえ、そこを考え出して時間が失われてしまうことが嫌なので、勢いで決済まで進んでしまう」といった声があがりました。

また、生活総研が実施している定量調査やインタビューなどからはフリマアプリの浸透やECの進化の影響も垣間見られます。気に入らなかったらフリマアプリで売ってしまえばよいので、試しにとりあえず買ってしまう、という行動が増えているのです。SNS上の商品投稿から直接購入ができるシステムが整備されつつあることも、比較検討が抑制されることにつながっているのでしょう。

「生活定点」調査でも、消費のスタイルは長期的に変化していることがわかっています。ブランドやスタイルの好き嫌いで判断する「好み消費派」がじりじりと減っているのに比べ、ピンとくるかこないかで判断する「感覚消費派」が1992年に17・8%だったところが2020年には32・5%と、ほぼ倍増しています。[★4]私たちが別名「ピン消費」とも呼んでいるこの消費スタイルは20〜30代の若い世代に多いのですが、近年は徐々に上の世代でも増えてきています。

スイーツ情報は深夜に摂取されている

時間帯による意外な行動の傾向が現れることもあります。日米で5000万以上（2019年10月末時点）ダウンロードされているニュースアプリ「SmartNews」と行った共同研究では、スイーツの情報は朝や昼ではなく深夜に接触されているという予想外の事実が判明しました。

「SmartNews」全てのカテゴリーから「新登場」「新発売」をタイトルに含む記事を抽出し、時間帯ごとのPV上位20中のスイーツ関連記事の比率と順位を示したのが図17です。

PVの上位20位に占めるスイーツ記事の比率は時間帯が遅くなるにつれて高まり、20〜23時でピークを迎えています。「スイーツの情報は、買いに行く前の朝や昼の時間帯に接触されることが多いだ

	8-11時	12-15時	16-19時	20-23時	0-3時	4-7時
PV上位20位中のスイーツ記事PV比率	15.0%	20.6%	32.0%	35.7%	32.2%	23.0%
1位						
2位			■	■	■	
3位		■		■		■
4位	■				■	
5位			■			■
6位	■	■			■	
7位				■		
8位			■			
9位				■	■	
10位						
11位						
12位		■	■			
13位				■		
14位						
15位			■			
16位			■		■	
17位						
18位				■		■
19位		■				■
20位			■			■
スイーツ記事合計PV	100	156	249	601	160	121

■：スイーツ関連記事

図17　「新登場」「新発売」記事のPV上位20位中のスイーツ記事（時間帯別）
（『SmartNews』で「新登場」「新発売」を含む記事PVランキングより作成。集計期間は2019年8月1日～31日。）

ろう」と思い込んでいたため、実はそのピークが深夜だったということは驚きでした。

実際に女性にヒアリングをしてみたところ、深夜にコンビニに走ることもあるけれど新商品や新発売の情報を友人同士LINEで送り合い、翌日の昼間に食べるものを決めたりするそうです。つまりプランニングが夜で、アクションは翌日のお昼以降、というわけです。

念のため男女別の解析も行いましたが、傾向は同じ。男性に比べれば女性のほうが上位20記事に「スイーツ」が含有される率は圧倒的に高いのですが、男女問わず夕食後の気持ちが落ち着いた時間帯に、実際にスイーツを食べているかは別として情報だけは食べている、というのは新鮮な発見でした。

これらの研究で明らかになった行動傾向は、当の生活者も全く意識していなかったことでしょう。それだけに、たとえアンケートやインタビューで生活者に質問を投げかけたとしても正確な答えは期待できなさそうです。だからこそ、蓄積されたビッグデータをもとに行動を観察することで生まれたデジノグラフィならではの発見ということができるでしょう。

2-4 コロナ禍の検索データに現れた本音

検索データへの問いの投げかけ方：第2キーワード分析

2020年3月から日本でも本格化した新型コロナウイルス（COVID-19）の感染拡大は、ご存じの通り私たちの生活に大きな影響を与えました。生活の多くの側面で制限が生まれたのはもちろんですが、一方で新しい動きが加速する契機となったことも事実です。その一つがビッグデータの活用です。位置情報をもとにオフィス街・観光地の人出が計測、発信されるなど、生活者行動の可視化が社会全体で進みました。

検索キーワードの解析も同様です。Web上の検索は、何かを知りたい、それによって新しい行動を起こしたいという人々の気持ちと密接に紐付いているからです。ただ、ある固有名詞の検索ボリュームが増えてトレンドに上がってきても、単純に「メディアで報道されたから」というような場合が数多くあるため、生活者の行動変化を見通すには工夫が必要です。

そこで私たちが着目したのが、2つ以上の単語を組み合わせた複合検索データの解析です。特に2番目に入力されることが多い単語を軸としているため、「第2キーワード分析」と呼んでいます。

どういうことかというと、たとえば「○○　使い方」という検索は様々な単語が○○に入る形で行われています。どんな単語が1番目のキーワードに来るかを調べることで、日本人が今、使いはじめているものがわかる、というわけです。

ちなみにYahoo! JAPANの検索・人流データ分析ツールDS.INSIGHTによると、2020年3〜8月に、最も日本人に「使い方」が調べられたのは、性別や年代を問わず「Zoom」でした。他にもTeamsやSkypeなどが上位に入っており、日本全体でテレコミュニケーションがトライされていたことがわかります。

探りたいことに応じて、第2キーワードは様々なものが考えられます。「〇〇　断り方」で見れば日本人が今一番、断りたいけど断りにくいと思っているものが、「〇〇　レシピ」で見れば日本人が今一番、作り方を知りたい料理がわかります。ちなみに、2020年のゴールデンウィーク中に一番検索された「断り方」は「オンライン飲み会の断り方」でした。確かにステイホームの環境では、外出の予定があるから、という理由で断りにくいですもんね。

第2キーワード分析とは、いわばデジノグラフィ流の、検索ビッグデータに対する問いの投げかけ方です。「あなたは何を新しく使いたいですか？（〇〇　使い方）」「あなたは何を増やしたいですか？（〇〇　増やし方）」「あなたは何にストレスを感じていますか？（〇〇　ストレス）」、そんな問いを、ビッグデータの向こう側にいる生活者に投げかけるイメージです。

メディアの影響を受けがちな固有名詞ではなく、動詞を中心とした生活者の行動に紐付く言葉を手がかりに検索ビッグデータを探索すると、どんなコロナ禍による変化が見えてくるのでしょうか。

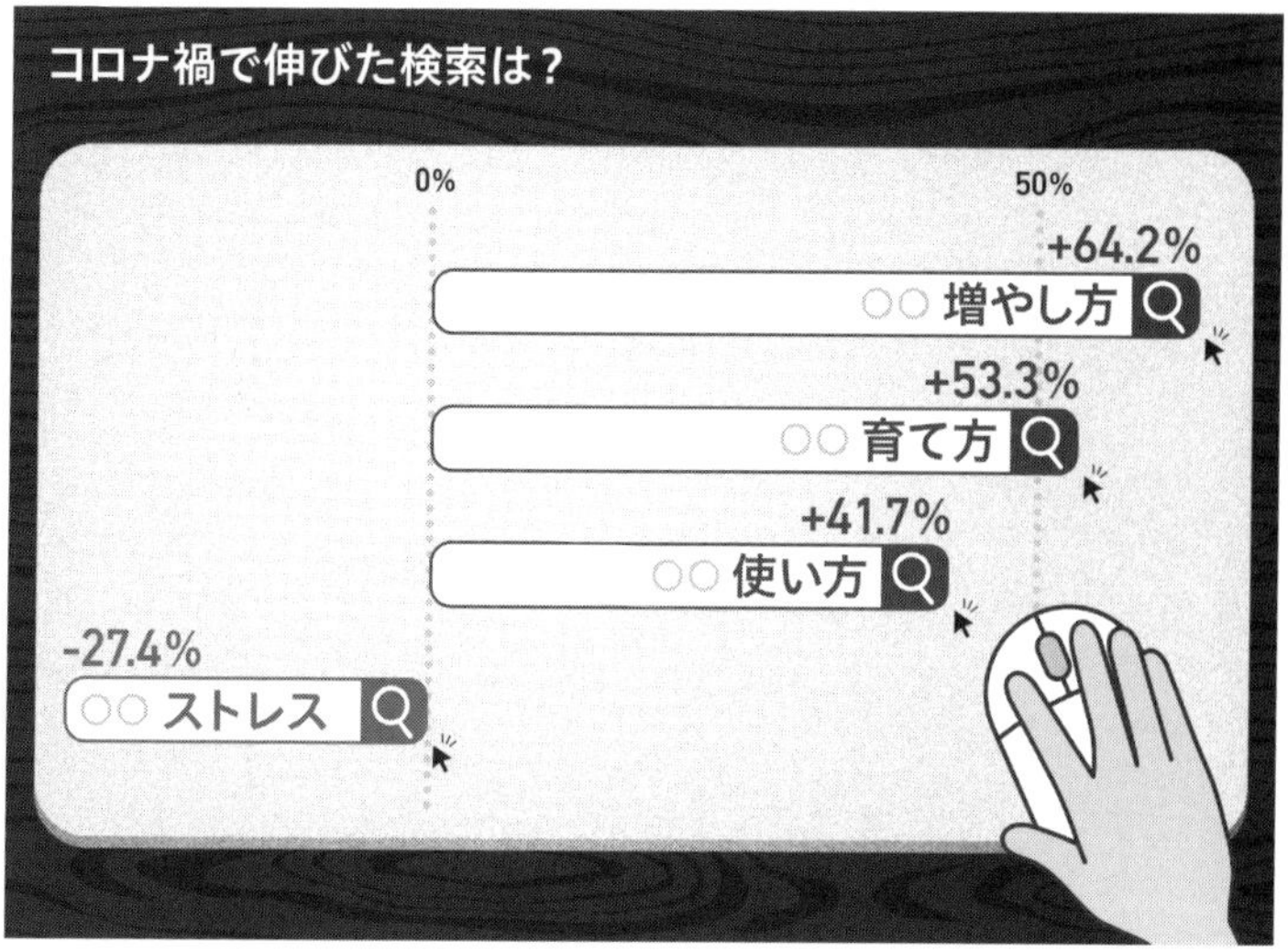

図18　コロナ禍で伸びた検索は？（2020年3～8月に『Yahoo! JAPAN』で行われた各第2キーワードを含む検索のボリューム前年比をヤフー・データソリューション DS.INSIGHTで集計。）

新しく増やし、育て、使い始める一方で、ストレスは減少した

いくつかの第2キーワードを含む検索について、2020年3～8月の検索ボリューム前年比を示したのが図18のグラフです。

前述した「使い方」以外に、「増やし方」、「育て方」を含む検索ボリュームが大きく増加していることがわかります。一方で、「ストレス」を含む検索ボリュームは減少していることもわかりました。

具体的に見てみると、「○○　増やし方」では「あつ森住民増やし方」などゲームソフト『あつまれ どうぶつの森』のゲーム内キャラクターやアイテムの増やし方を

調べる検索が非常に多く行われました。このゲームがステイホーム中の日本でどれだけプレイされていたかがわかります。他に、不安を和らげるホルモンである「オキシトシン」の増やし方や、観葉植物の増やし方なども多く検索されていました。

「〇〇　育て方」では、トマトやきゅうり、ナスなど野菜の育て方の検索が前年比で大きく伸び、検索ボリュームの上位を独占しました。ちなみにメダカの稚魚やカブトムシの幼虫など動物・昆虫の育て方も前年比では大きく伸びていることがわかっています。

一方で、「〇〇　ストレス」では「コロナ　ストレス」などの新しい言葉は検索されたものの、「仕事ストレス」や「ストレス性胃腸炎」といったこれまで大きなボリュームを占めていた仕事関連のストレスの検索ボリュームは減少しました。リモートワークになったり、会食などが減少することで、対人関係のストレスは減少したのでしょう。

免疫力のために食べ過ぎて、ダイエット?

さらに具体的な行動について深掘りして見てみましょう。生活総研では2020年3月から毎月、コロナ禍による意識の変化を時系列で把握するための定量調査をWebアンケート調査の形式で実施していました。[★5]調査結果からは、「十分な運動・栄養・睡眠をとる」という意識が非常に高い水準で維持されていることがわかったのですが、第2キーワード分析によると実際の行動は時期によってシフトしてきているようです(図19参照)。

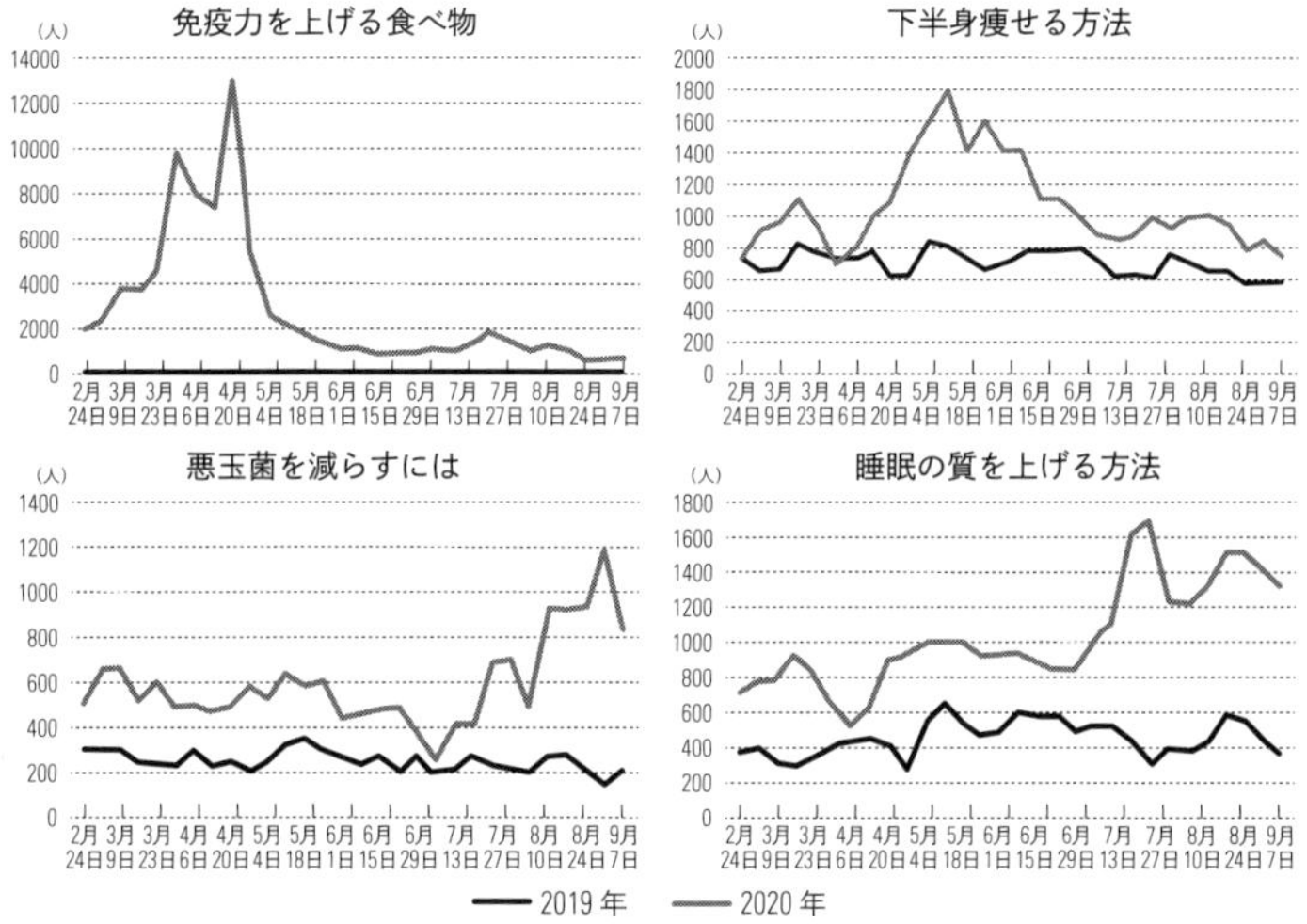

図 19　各検索キーワードの検索ボリューム推移（ヤフー・データソリューション DS.INSIGHT より作成。データソリューションにおける推計値であり、『Yahoo! 検索』での検索実数ではない。）

まず、3月下旬から4月の感染拡大中は「免疫力を上げる食べ物」の検索ボリュームが飛躍的に上昇しました。マスクの着用とともに、まず食生活の改善でコロナに対抗しようという流れが生まれたのです。

しかし、ちょっと食べ過ぎてしまったのかもしれません。ゴールデンウィーク頃からステイホームによる運動不足もあって、肥満が課題として顕在化。特に「体脂肪を減らす方法」や、グラフにある「下半身痩せる方法」の検索が上昇しました。

また、夏頃から上昇している検索もあります。「悪玉菌を減らすには」あるいは「悪玉コレステロールを減らす食べ物」の検索ボリュームが徐々に増加しているのです。腸内細菌についてはコロナとの関係性も指摘されていますが、ウイルスに限らず、体内から〝悪玉〟を追い出そうという意識が生まれたようです。

睡眠に関連した検索も上昇が見られます。5月頃には「眠れない時に寝る方法」など不眠に関連したキーワードが上昇していたのですが、7月頃から「睡眠の質を上げる方法」が徐々に上昇しました。時期に応じて徐々に行動を変化させつつ、より全体的に体調管理のレベルを上げて、自分の体は自分で守ろう。ウイルスに対抗する、抗菌体質を作っていこう。そんな生活者の欲求が垣間見られる結果です。

テレワークで上昇した書き言葉への感度、低下した外見への感度

また、テレワークなど対人関係のオンラインシフトの影響は、ZoomやTeamsが使われだしただけでなく、意外なところにも現れていました。

その一つが書き言葉への感度の上昇です(図20参照)。

「使い方」という第2キーワードは言葉の用法を調べる場合にも多く使われているのですが、中でも「御中　使い方」は2019年に最も検索された言葉の使い方でした。その検索ボリュームが、コロナ禍でさらに約4割増加していたのです。他に「各位」「ご無沙汰してます」「存じます」「遅ればせながら」など、ビジネス上よく使われる言葉が軒並み前年比で上昇しました。メールだけでなく

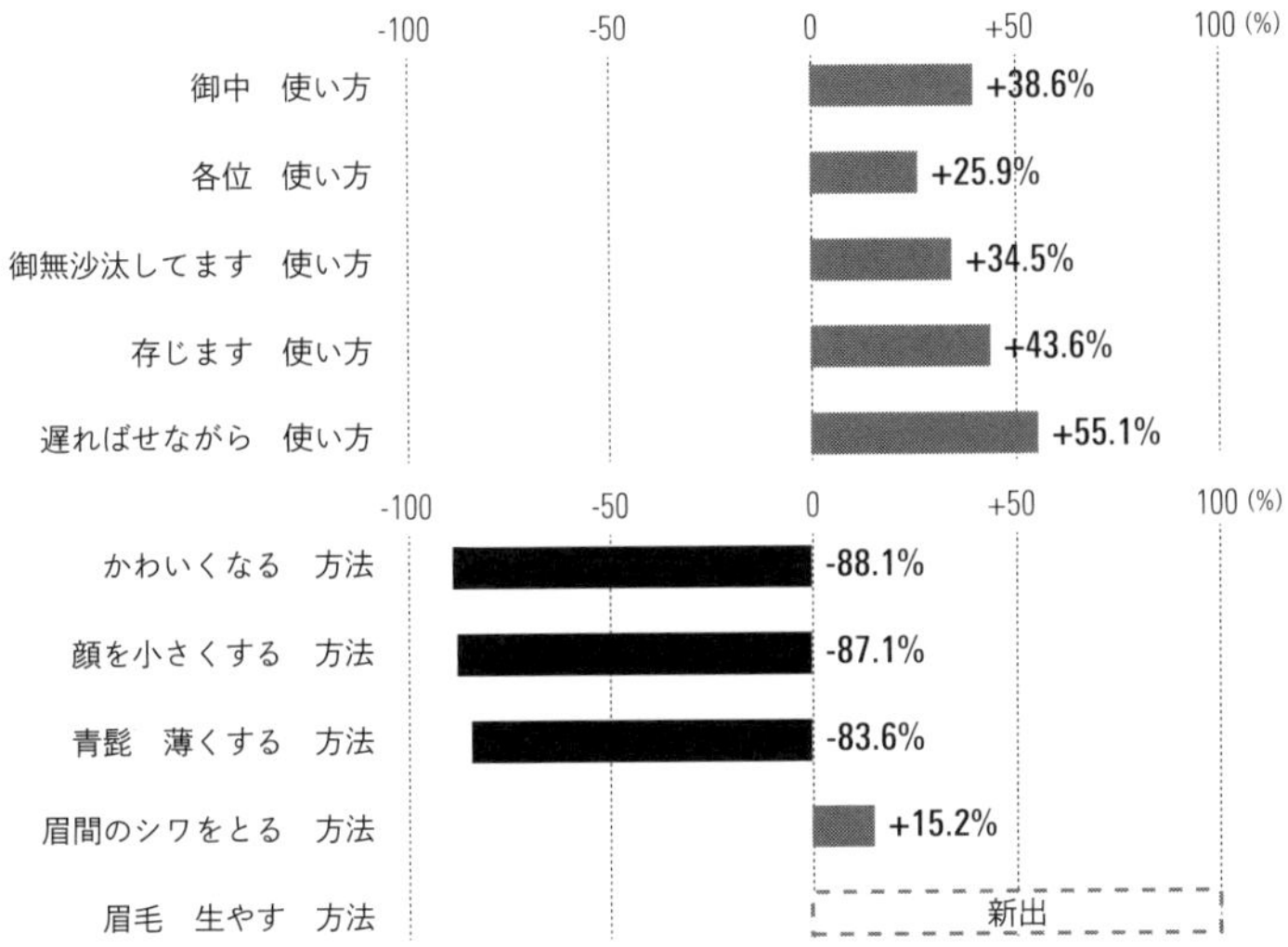

図 20　2020 年 3 〜 8 月検索ボリュームの前年比
（ヤフー・データソリューション DS.INSIGHT より作成。）

チャットも多用されるようになったことから、改めて文章上の言葉遣いが合っているのか、気になる人が増えたのでしょう。

その反面、「方法」という第2キーワードでの検索を見てみると、男女問わず顔回りを中心に外見を良くする方法は軒並み前年割れしました。対面でのコミュニケーションの減少や、マスク着用などの影響で、外見への感度が低下したことが見て取れますが、一部、マスクから出ている目の周りに関しての検索では上昇も見られました。実際に、目元メーク、眉メークはコロナ禍中に関心が高まっていましたね。

理想を追うより、現実をDIYする生活者

コロナ禍で注目されたものとしてもう一

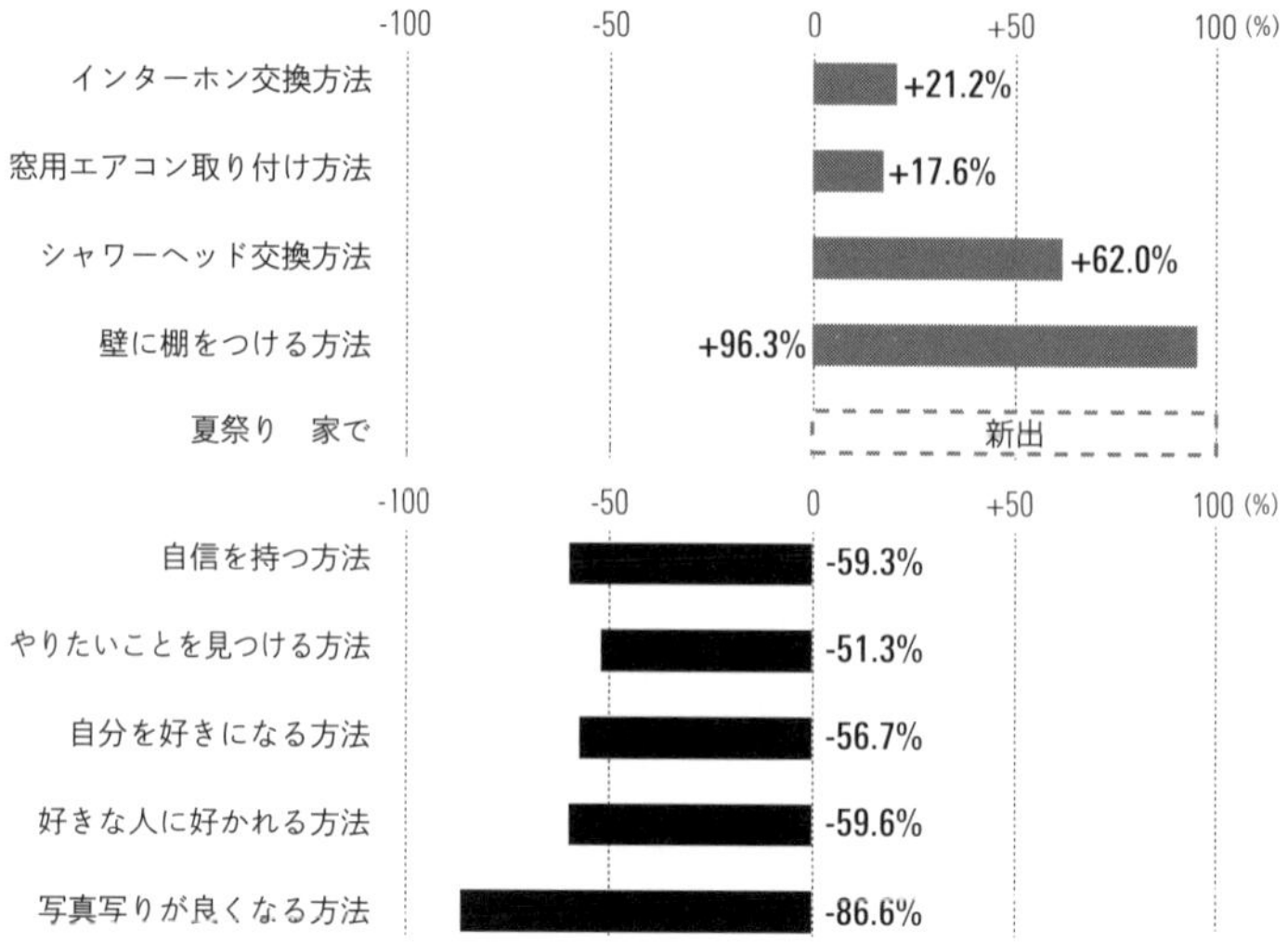

図21　2020年3～8月検索ボリュームの前年比
（ヤフー・データソリューション DS.INSIGHT より作成。）

つあげられるのが、「イエナカ」の充実です。これは検索データでも様々な面で現れました（図21参照）。

前年比で上昇していたのは、たとえば「インターホン交換方法」です。宅配の利用でインターホンに不具合を感じる人が増えたのでしょう。また、エアコンのない部屋に窓用エアコンをつけたり、衛生意識の高まりからかシャワーヘッドの交換方法を調べる検索も増加しました。あるいは、室内で活動する時間が増えた結果、すぐ取り出したいものも増えたのでしょう。「壁に棚をつける方法」は前年比で2倍近い伸びとなりました。

そのような日常生活の充実だけでなく、コロナ禍で多くの地域で自粛された夏祭りやカラオケなどのハレのレジャーを家でやってしまおうという検索も見られました。

新しいツールの使い方を調べたり、野菜を育てたり、棚を増やしたり。生活者はコロナ禍という大きな危機を前にして、その変化に対応するために生活の中で様々なＤＩＹを行っていることが第２キーワードによる検索データの分析で鮮明に浮かび上がりました。

実は生活総研が行った東日本大震災の際の調査でも自分の生活力を高めようとする意識の上昇は見られており、これは危機に直面した生活者に共通する意識なのかもしれません。【★6】

それに関連してもう一つ興味深かったのは、「自信を持つ方法」、「やりたいことを見つける方法」、「自分を好きになる方法」などの検索ボリュームが大幅に減少していることです（そんな検索をする人がいるのか、と思われる方もいると思いますが、２０１９年にはそれぞれ2万人以上に検索されたと推計されています）。

このデータは様々な読み方が可能です。家に籠った結果、他人と自分を比較して悩むことがなくなったのでしょうか。あるいは、そもそも、理想の自分像を追うより対処しなくてはいけない現実があるからなのでしょうか。

ちなみにコロナ禍中の２０２０年7月に行われた「生活定点」調査では、自分自身の力による自信、「自力自信」は２０１８年と同水準だったのに対し、何かに属していることによる自信、「依存自信」は大きく上昇しました。〝ここではないどこか〟に憧れるよりも、多少の不満はあっても会社や家、学校など、何らかの集団に属している現状のありがたさに意識が向かった、と解釈することもできそうです。

一方で、「好きな人に好かれる方法」や「写真写りがよくなる方法」という様々な消費の源泉になりえる欲求を感じさせる検索も減少しています。この結果を良いことと捉えるのか、やはり家に籠ることは向上心や活力の低下につながると捉えるかは、意見が分かれそうです。皆さんはどうお考えになるでしょうか?

2-5 インスタ映えの本音をあばく

多国間でのアンケート調査の結果を比較する場合、常に問題になるのは言葉の壁です。近しい意味を持つ言葉であっても、微妙なニュアンスが異なる場合も多いため、異なる言語で聴取されたアンケート結果を完全に同じ基準で比較することは困難です。

一方で、国を超えて普及しているSNSなどのデジタル空間上のプラットフォームにも様々な国の生活者のデータが蓄積されています。特に行動や画像など非言語的な情報であれば、言葉の壁は問題になりません。そのような視点で私たちが行った日中タイ3カ国のSNS画像比較の結果を見てみましょう。シンガポール拠点で画像解析AIを活用したリサーチを行っているQUILT.AI社とHAKUHODO CONSULTING ASIA PACIFICの協力のもとで、分析を行いました。

この分析ではSNSに投稿された写真の中でも、特にセルフィーなど人物が写っている写真に注目しました。人物写真には被写体の表情や着ているもの、背景、人数や性別など、一枚一枚に多くの情報が含まれています。そしてSNSから取得した膨大な画像データの中から人物が写っている写真を抽出し、その中の多様な情報を読み解く際の強力なツールとなるのが画像解析AIです。具体的には2019年6月～2020年3月にInstagramおよび微博（ウェイボー）上に投稿された、日本、中国、タイで撮られた写真約20万枚をQUILT.AI社が抽出。その中に写っていた、AIが10代もし

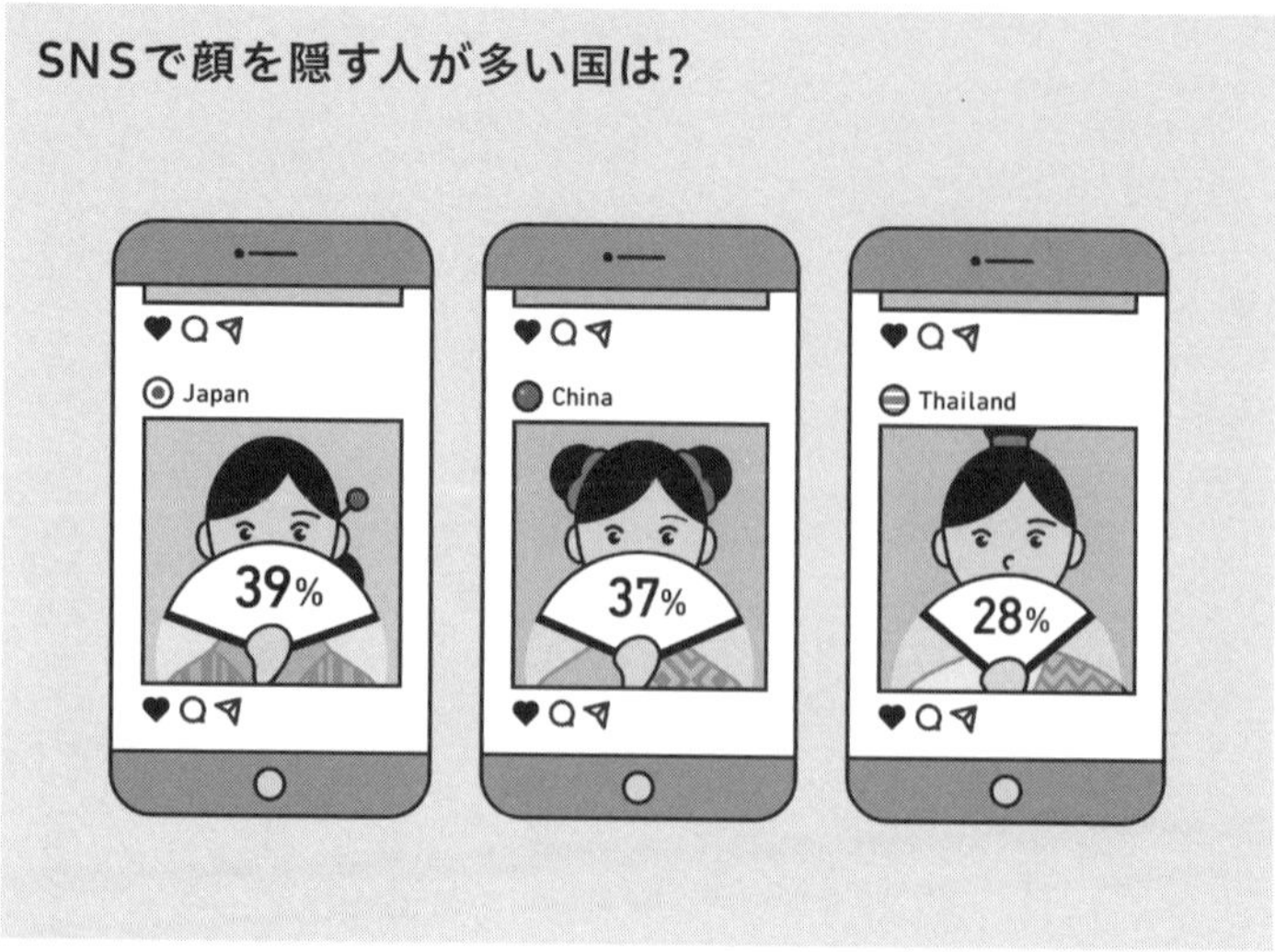

図22　SNSで顔を隠す人が多い国は?
(『Instagram』『微博』で2019年6月〜2020年3月に各国から投稿された画像の解析結果。)

くは20代であると判別した約2・4万人（日本6926人、中国7338人、タイ9244人）の顔を、様々な観点でAIが解析しました。その結果、各国のSNSにおける人物写真には、顔の写し方や表情、そしてファッションや背景を含めた配色などの点で傾向の違いが浮かび上がったのです。

SNSで顔を隠す人の割合

3カ国で差が出た1つ目の観点は顔を隠す人の割合です。各国の写真に含まれている人の顔のうち、「顔の一部が隠れている」と画像解析AIに判定された割合を見ると、日本39％、中国37％、タイ28％という結果となりました。日本と中国では、タイよりも多くの割合を占めています（図22参照)。

「顔が隠れている」と判別されたのは、具体的には顔が横向きで撮影されていたり、鏡越しに撮影していてカメラで顔が隠れている写真などです。それらをよく見ると、日本と中国の写真の多くに共通しているのは顔以外に鑑賞者の目を引く要素があるということです。たとえば、ファッション、インテリア、ロケーション、それらの組み合わせで作られるシーン全体、あるいは、体型の良さ、鍛えた筋肉などです。一方、タイの写真の多くでは、顔以外に、鑑賞者の目を引くものが見つかりませんでした。

私の顔なんて誰の役にも立ちません

さらに背景を深掘りすると、日本と中国でも状況は少し異なるようです。

共同で研究にあたった若い女性の盛り文化を研究しているメディア環境学者の久保友香さんは、日本の若者には「SNSでも他者にとって有用なものを見せたい」という意識があることを指摘しています。

久保さんが以前行動観察をしていた大学1年生の女性は、久保さんに自身のInstagramのページを見せつつ、こう言ったそうです。「顔写真を投稿したら保存数が3件しかなかったのに、安くてかわいい洋服屋さんの写真を投稿したら保存数が300件以上もありました。当然です。私の顔なんて

図 23　ファッションやロケーションを強調した日本の写真（イメージ）

誰の役にも立ちません」。

どうも日本の若い女性はこの、Instagramの保存数という値を気にしているようです。「いいねの数はお友達の社交辞令の数だけれど、保存数は誰かの参考になったことを示す数」（久保さんが調査した別の高校1年生女子）だからです。

確かに、画像解析で抽出された日本の「顔が隠れた」写真で強調されているファッション、インテリア、ロケーションなどは、それを参考に誰でも購入したり出向いたりできるものです。

一方、中国はどうでしょうか。博報堂生活綜研（上海）の研究員によると、最近のSNSトレンドとしてスポーツジムやヨガ教室での自分の体型、オフィスで仕事をする姿や、こだわりのファッションアイテムを身に着けた体の一部など、「自分が自信のあるもの」を撮影した写真の投稿があるということでした。確かに画像解析の結果でも、中国では日本より自分の体型を撮影した写真が

図 24　体型を強調した中国の写真（イメージ）

多く見られました。

日本と中国の若者のＳＮＳ投稿画像には、タイに比べて顔を隠した写真の比率が高いという共通の傾向が見られたわけですが、その背景を定性的に探っていくと、「他者の役に立つ情報を強調したい日本の若者」と、「顔以外の自信のある部分を目立たせたい中国の若者」という全く別の意識が隠れていることがわかりました。ビッグデータの解析で明らかになるのはあくまでも生活者の〝行動〟の特徴や傾向なので、その背景を探るには別角度からの〝裏取り〟が欠かせないのです。

ちなみに、タイの写真の中にも「顔が隠れている」と分類された顔は28％ありました。博報堂生活総研アセアンの研究員によると、「タイの人は意識して顔を隠すことは少ないが、写真を撮る時にポーズを取ることが多い。ポーズを決める目的で横を向くなどしたものが、プログラム上、顔の一部が隠れていると分類されているのでは」とのことでした。こういう判断をする時にも、現地、現

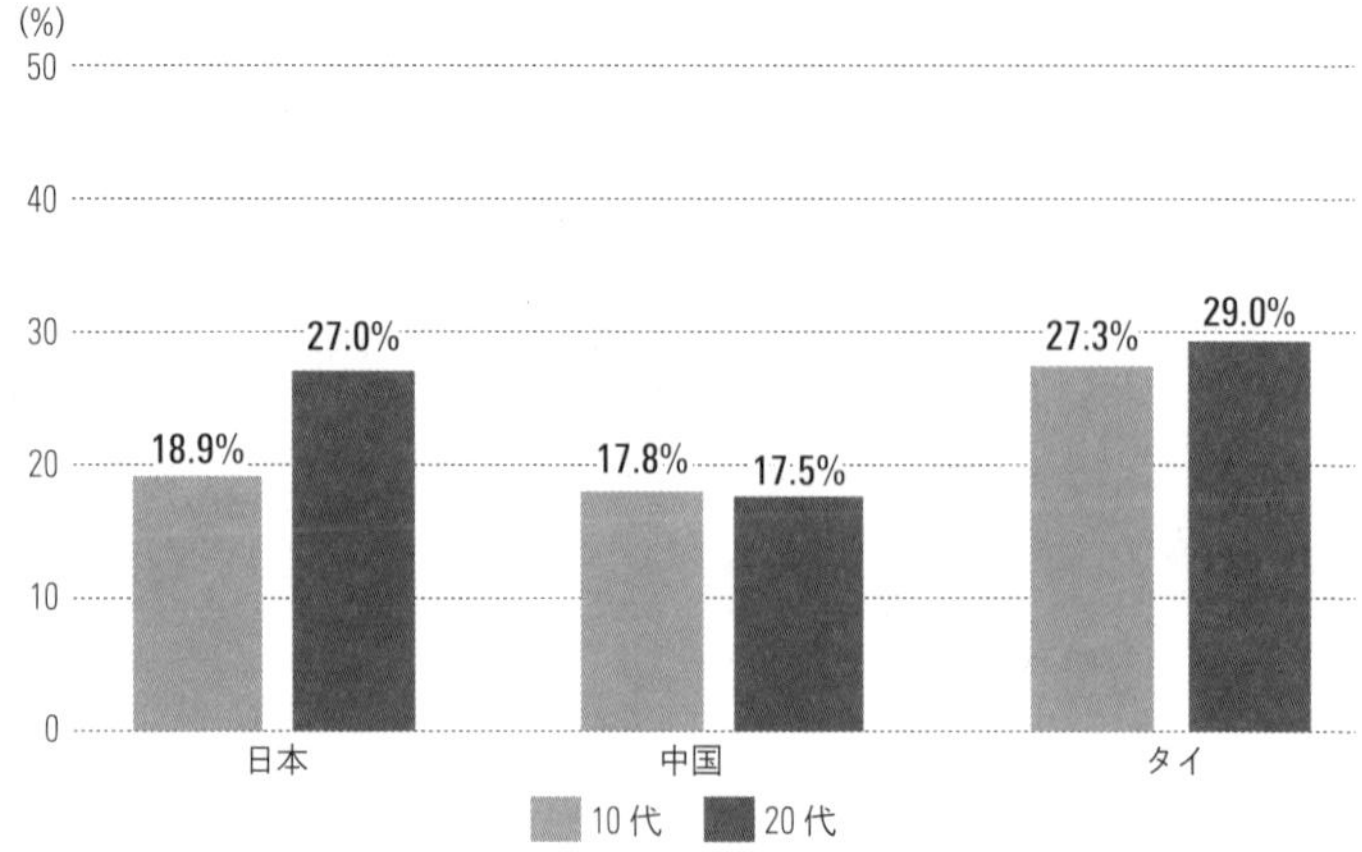

図25 笑顔の割合

(『Instagram』『微博』で2019年6月〜2020年3月に各国から投稿された画像の解析結果。)

場に身を置く人の感覚は大変重要です。逆に言えば、このような解析結果が出てきたからこそ、これまでになかった視点での各拠点の議論が生まれた、ということもできるでしょう。

SNSで笑顔をアップする人の割合

3カ国で差が出た2つ目の観点は、笑顔の割合です。各国の写真の中の顔のうち、画像解析AIによる表情の判定で笑顔とされた顔の割合が図25のグラフです。画像解析AIが10代と20代に分類した結果では、日本では年代差が現れ、10代で18・9%、20代で27・0%となりました。一方で、中国は10代、20代共に17%台で同水準、タイは10代、20代共に30%弱となっています。

つまり、日本の10代と中国の10〜20代は、日本の20代あるいはタイの10〜20代に比べ、笑顔の写

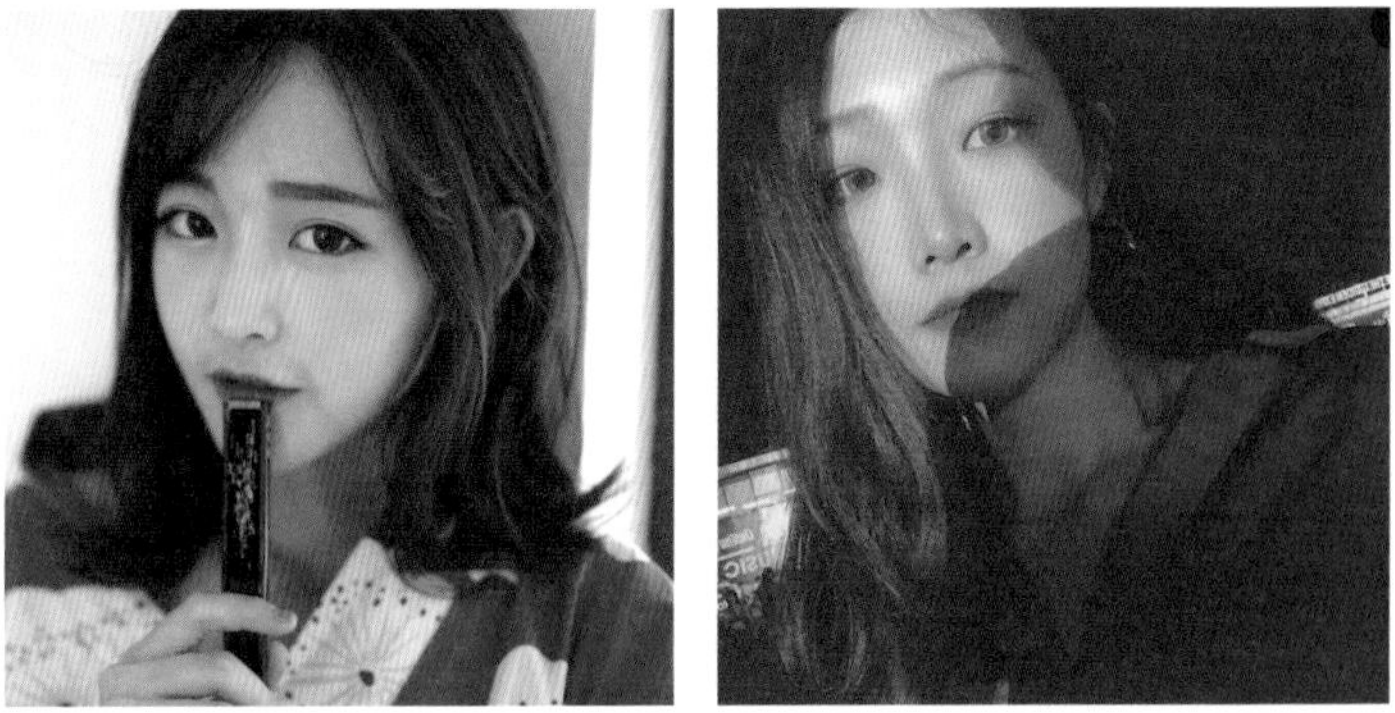

図26　日本、中国の「決め顔」写真（イメージ）

真をＳＮＳに投稿しない傾向がある、ということになります。この結果の裏側には生活者のどのような意識があるのでしょうか？

この分析の共同研究者の久保友香さんは、工学系のバックグラウンドを持ちながら、プリントシール機メーカーなどとも協働して女性の顔の「盛り」文化の研究を長年行っています。そんな久保さんに、ＡＩが「笑顔をしていない」と判別した顔を具体的に見てもらいました。その結果わかったのは、日本の10代と中国の10〜20代の「笑顔をしていない」顔の多くは、共に「目を見開き、口をすぼめる」表情をしている、ということです。

久保さんによると、それは「笑顔」の特徴である「目を細め、口を開く」表情とは、ちょうど反対の方向に筋肉を動かした表情であり、「笑顔」が意識的であるのと同様、この表情も意識的であると考えられるそうです。一方タイでは、この表情を見つけることができませんでした。

「笑顔」より「決め顔」

「目を見開き、口をすぼめる」表情は日本の女の子たちが言う「決め顔」の典型でもあります。ショートビデオ投稿SNSのTikTokで、2018年より多くの人が動画を投稿している「全力顔」というテーマがあります。この動画の冒頭では、「全力笑顔」と宣言して「笑顔」をし、「全力決め顔」と宣言して「決め顔」をするルールがあるのですが、ほとんどの人が、「笑顔」では「目を細め、口を開く」表情をし、「決め顔」では「目を見開き、口をすぼめる」表情をしています。つまり「目を見開き、口をすぼめる」表情は、「決め顔」の象徴であり、「笑顔」とは相対するものだとわかります。

久保さんによると、あらかじめ「決め（た）顔」をするには再現性の高さが重要なのですが、笑顔は目の細め具合、口の開け具合に微妙な加減をする必要があるので難しいんだそうです。一方、決め顔は最大に目を見開き、最大に口をすぼめたとしても、表情として適度な範囲に収まり、加減する必要がないため再現性が高くなり、「決め」られるということです。

ではなぜ、日本の10代と中国の10～20代で「決め顔」が多いのか。

各国の生活総研研究員への取材で背景として浮かび上がったのは、投稿写真の顔に対する加工の有無です。中国では顔の画像加工を「世代を問わず、誰もがする」のに対し、タイでは「あまりしない」

人が多く、日本では「学生を卒業すると同時に、盛るのも卒業する」という傾向がありました。これは「決め顔」≠「笑顔をしていない顔」の各国年代間の傾向と相関しています。

デジタル加工と「決め顔」には共通して、自分の顔を「自然のまま」とせずに、意図的に「作ろう」とする意識が背景にあります。実際の顔ではなく、写真や映像によって形成されるその人の視覚的な印象のことを久保先生はバーチャル・ビジュアル・アイデンティティ（ＶＶＩ）と呼んでいるのですが、以前は一部の著名人だけのものだったこのＶＶＩを作り込み、拡散し、共有する文化を世界に先駆けて一般化、民主化したのは、プリントシール機やガラケーによる自撮りと盛りの文化を発展させた日本の若い女子たちでした。そして現在、この文化は日本では10代の若者独自の文化として継続しており、中国ではスマホのカメラに標準搭載されるほど世代を問わず広がっています。

性別や年齢を変えたり、別人になれるアプリも登場するなど、テクノロジーはＶＶＩをリアルな顔とは全く別物にできるところまで進歩しています。各国あるいは各年代におけるＶＶＩの文化差は、今後さらに多様になっていくかもしれません。

生活者のナショナルカラーパレット

ＡＩによるセルフィー画像解析でできることは、写っている顔の部位や表情の解析だけではありません。写真の中にどんな色が配色されているか、その特徴も解析することが可能です。自分の肌の

図 27　日本人がSNSでよく使う色は?
(『Instagram』『微博』で2019年6月〜2020年3月に各国から投稿された画像の解析結果。)

色や目の色から、自分にフィットするカラー群を教えてくれるパーソナルカラー診断というものがありますが、国ごとに特徴的に使われる色、ナショナルカラーというものは存在するのでしょうか。

図27は、今回の画像解析で抽出された各国で特徴的に見られた色を示したカラーパレットです。各国の女性の服装も同じ配色になっています。日本の淡い色使いはアジサイや折り紙を連想させます。中国の配色は、それに比べて鮮やかではっきりしています。また、タイは「金銀」や「土」のニュアンスを感じられる配色です。

解析対象は各国の人物写真です。ファッションのトレンドもグローバル化が進む中で、検出される色は似たような結果になってもよさそうですが、各国でこのような差が出たこと自体が興味深い発見でした。

各国の伝統色との符合

背景を深掘りするため、配色の専門家、女子美術大学芸術学部美術学科の坂田勝亮教授への取材を行いました。坂田教授によると、今回のカラーパレットは各国の伝統色に符合しているとのことでした。各国の詳細を見てみると、日本のカラーパレットは淡い色合いが多いですが、中でも藍色に注目しましょう。

そもそも日本は資源に乏しい国であったため歴史的にカラーバリエーションは地味で少なめ。顔料へのアクセスも乏しく、基本染料を用いていたので豪華絢爛な色使いがあまりされてこなかったのだそうです。中でも藍色は1回で濃く染められ、コストパフォーマンスがよい染料のため古くから重宝されてきました。

また日本の色彩表現が細かいのは「禁色」の影響が大きいようです。位によって着る衣服の色が決められていたため、1つの色を薄めるという知恵で多数の色を生産して楽しみました。カラーパレット上に淡い色が多いということは、その歴史がいまだに影響を与えているのかもしれません。

続いて微笑みの国タイ。金や土色への崇拝が強く、地理的にインドやパキスタンなど金属を多用する国の影響を色濃く受けているということでした。確かに今回のカラーパレットでも、金銀や土に近い配色が見られます。

最後に中国。歴史的に非常に豊かな国で昔から染料や顔料へのアクセスを持っていたことから、色使いが豪華絢爛だそうです。たとえば宮廷貴族の衣類の色使いをイメージしていただけるとおわかりになるでしょう。今回のカラーパレットでも、朱色に近い強い色調の色が多く見られました。また、宝石の翡翠の色に近いターコイズも見られます。

坂田教授によると中国の最近の傾向として、アメリカで教育を受ける富裕層が激増したことで自国に帰国する際にアメリカ的な配色が輸入されつつあるとのことでした。コロナ禍の影響もあり、国家間の交流は物理的に少なくなっていますが、色という面でも今後、各地域の独自の進化が見られるのかもしれません。

ＡＩの解析結果が探索のきっかけ

一連のＡＩによる画像解析の結果は、フィードに無数に流れてくる個々の写真を眺めるだけでは気づかなかった特徴や傾向を、ビッグデータという「塊」の分析によって可視化するものでした。解析結果の中には、なぜそのような結果が出てきたのか、すぐにはわからないことも数多く存在します。

しかし、その背景を探るために定性的な深掘りなどの探索を進めることで、各国の思いがけない特徴や傾向、あるいは伝統色のような文化的背景にたどり着くことも多いのです。ＡＩからもらった不思議なお告げに対して、人間がその答えを探っていくようなこのプロセスは、これまでのマーケティングリサーチにはなかった、デジノグラフィの持つ新しい可能性の一つでもあります。

2-6 Wikipedia に現れる、みんなの無意識

2章の最後にもう一つ、アルゴリズムによって抽出されたお告げのような解析結果をご紹介しましょう。それは、2013年にGoogleの研究チームにより発表された自然言語処理技術の草分けの一つ、「Word2Vec」[★7] を利用したWikipediaの分析です。

パリ－フランス＋日本＝？

「Word2Vec」はチャットボットや機械翻訳などに活用されている、単語が持つ意味やお互いの関係性を多次元空間上のベクトルとして定量的に表現するためのツールです。この技術を使うと、言葉同士の意味の類似度を計算したり、図28のように、言葉間での意味の足し算・引き算が可能です。たとえば、「パリ－フランス＋日本＝？」という数式の答えは「東京」になる、というイメージです。「Word2Vec」の通常の使い道としては、たとえばチャットボットで、「雨が降っていますね」という言葉に対して「天気が悪いのですね」と類似した表現を応答に使ってスムーズにやりとりする、というようなことがあげられます。

しかし博報堂の研究開発局では、この技術を発想支援など別用途で活用できないかという問題意識

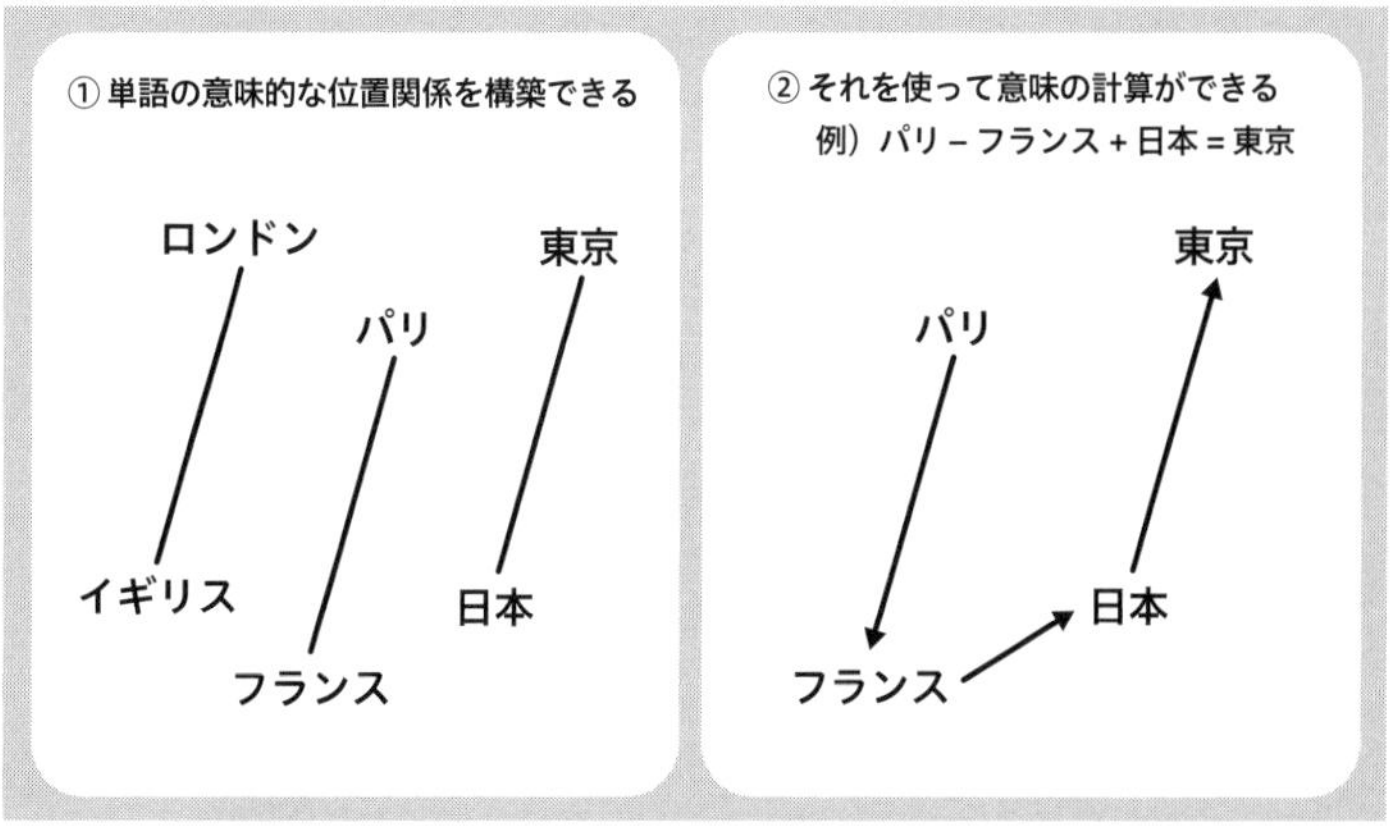

図28　Word2Vecで可能になること

のもとで、Wikipediaの膨大なテキストデータを学習させ様々な言葉の数式を入力すると解が導ける解析システムを製作していました。

幸福な孤独とは何か？言葉の明転数式

Wikipediaは皆さんご存じの通り、ボランティアの共同作業によって執筆されるフリーのインターネット百科事典です。そのテキストデータをもとに構築される言語空間は、人々の集合無意識を反映しているはず。そのように考えた私たちは、このシステムを使わせてもらい様々な言葉の数式を問いとして投げかけてみました。

その中で私たちが考えたのが「言葉の明転数式」です。ネガティブな言葉をポジティブに転換する数式を入力すると、Wikipediaの集合無意識はどのような答えを返してくるのか、ということです。

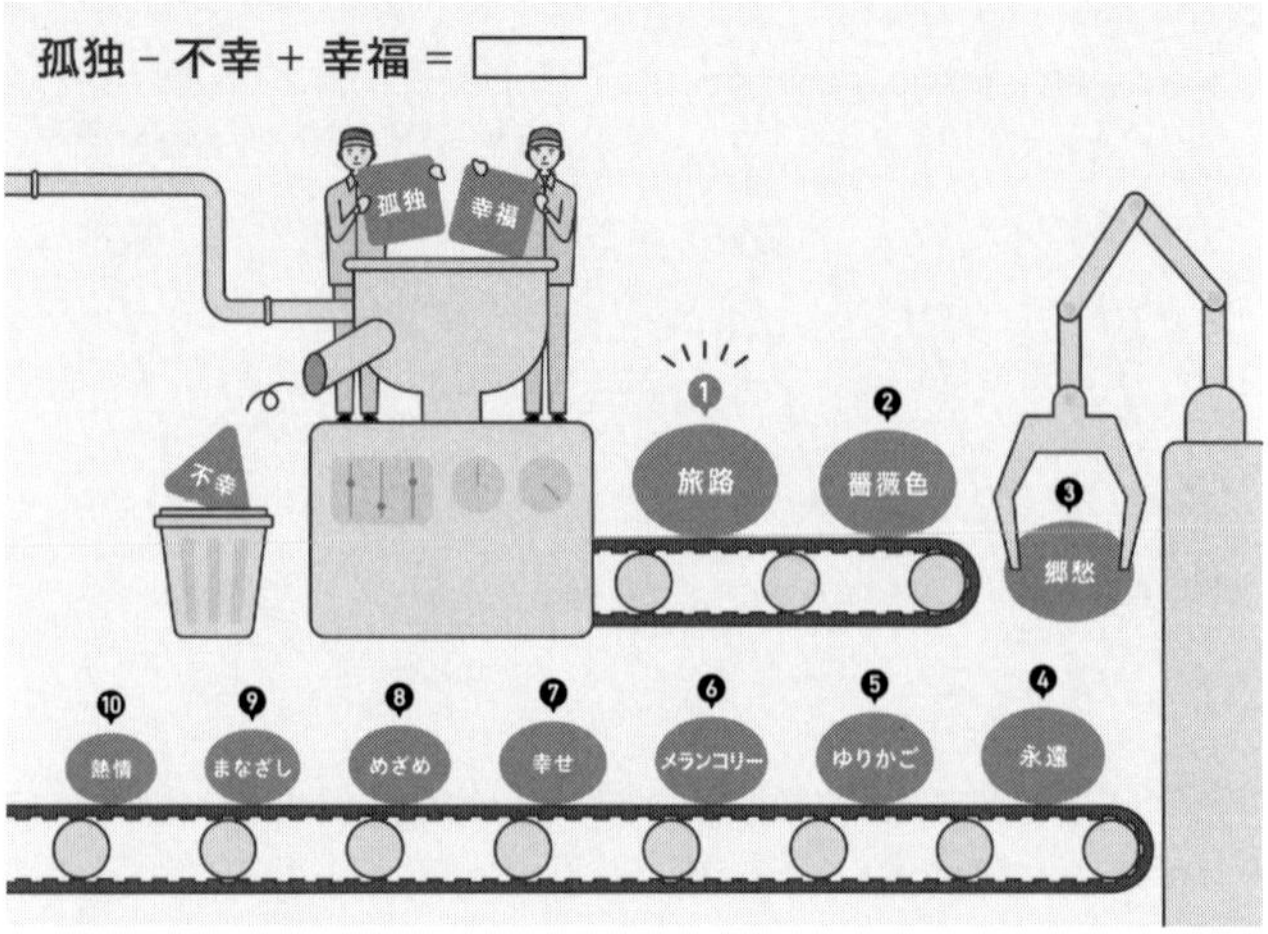

図29　孤独−不幸+幸福=［　　］（『Wikipedia』テキストデータを学習させた自然言語処理技術 Word2Vec の解析結果。Word2Vec では言葉間での意味の足し算・引き算が可能となる。）

たとえば、「孤独－不幸＋幸福＝?」。「不幸ではない、幸福な孤独とは何か?」ということです。その結果、類似度の最も高い言葉として算出されたのは「旅路」。その他にも「郷愁」、「永遠」、「ゆりかご」など意味深な言葉が並びました。確かに一人旅は、「幸福な孤独」と言えるかもしれません（図29参照）。

では、「老化」はどうでしょう。「老化－不幸＋幸福＝?」という数式を作り、「幸せな老化とは何か?」を問うたところ、最も類似度が高い言葉として算出されたのは「治癒力」でした。それ以外にも「腸内フローラ」、「賦活（活力を与えること）」、「歯髄（歯の神経のこと）」、「遺伝子治療」など、妙に納得度の高い言葉が並んでいます（図30参照）。

「治癒力」についてはこの章のはじめ、2-1で紹介したQ&Aサイトの恋の悩み分析で、

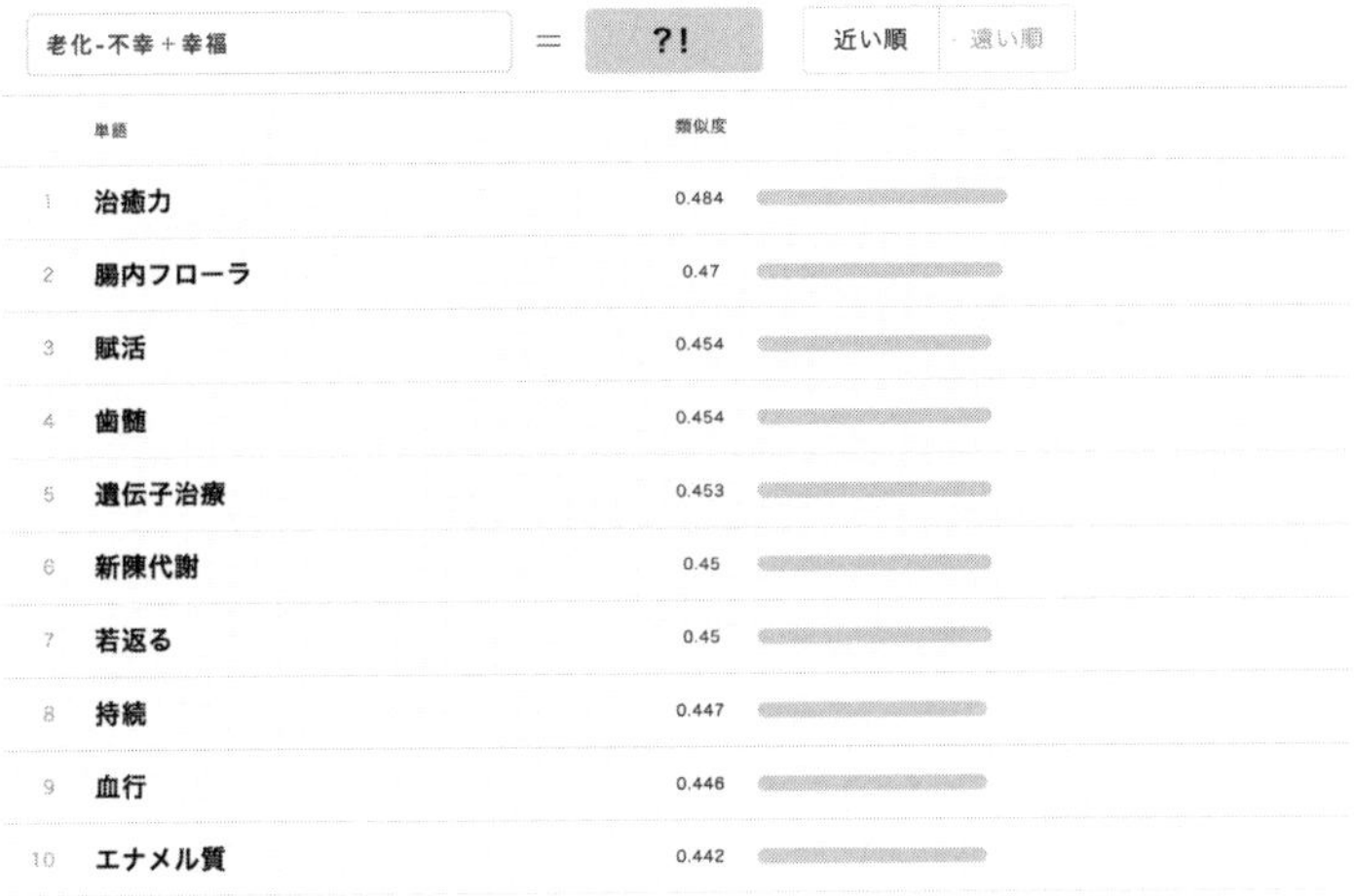

	単語	類似度	
1	治癒力	0.484	
2	腸内フローラ	0.47	
3	賦活	0.454	
4	歯髄	0.454	
5	遺伝子治療	0.453	
6	新陳代謝	0.45	
7	若返る	0.45	
8	持続	0.447	
9	血行	0.446	
10	エナメル質	0.442	

入力欄: 老化-不幸+幸福 = ?! 近い順 遠い順

図30 Word2Vecの解析結果（「老化ー不幸+幸福」）

60代の女性の悩みのキーワードが「許す」であったことも思い出されます。「許す」というのもある種、心理的な治癒だからです。幸福に長生きをする（老いる）ということは、メンタル的にもフィジカル的にも「治癒力」が大事なのかもしれません。

カタカナと漢字のニュアンスの違い

Word2Vec による Wikipedia の解析システムを製作した研究開発局でも様々な試みが行われていました。その一つが同じ意味を持つ単語のニュアンスの違いの分析です。

Word2Vec では数式の形でなく単語でも近しい言葉を算出できるのですが、「自動車」と「クルマ」それぞれに類似した単語を比較したのが図31の表です。

クルマ

	単語	類似度
1	エコカー	0.606
2	電気自動車	0.586
3	快適	0.523
4	旧車	0.52
5	モノ	0.519
6	岡崎宏司	0.519
7	高級車	0.514
8	プリウス	0.511
9	名車	0.505
10	楽しさ	0.505

自動車

	単語	類似度
1	乗用車	0.706
2	四輪車	0.671
3	貨物自動車	0.671
4	二輪車	0.662
5	三輪自動車	0.638
6	自動二輪車	0.636
7	四輪	0.634
8	自転車	0.627
9	茨城観光	0.615
10	電気自動車	0.615

図31　Word2Vecの解析結果（「クルマ」／「自動車」）

「自動車」は類似した言葉として、「四輪車」や「二輪車」といった「自動で動く車」としての言葉が並ぶ一方、「クルマ」は「快適」、「高級車」、「名車」、「楽しさ」といった価値に紐付くワードが散見されます。Wikipediaに蓄積された集合無意識的な言語空間の中では、モノの機械としての側面を表す「自動車」に対して、モノが生活にもたらす価値を象徴するのが「クルマ」だと位置づけられるでしょう。日本語は漢字、ひらがな、カタカナ、同じ言葉でも全く違う印象を持ちます。その違いが分析できる意味でも、Word2Vecは日本語の分析に向いていると言えそうです。

「愛のない機械だけの社会」の対極は？

また、Word2Vecでの言葉の数式は、逆に「計

	単語	類似度
1	君といつまでも	-0.478
2	星に願いを	-0.468
3	翼をください	-0.468
4	おまえに	-0.464
5	心の扉	-0.462
6	情熱の花	-0.46
7	泣かないで	-0.46
8	川の流れのように	-0.46
9	長山洋子	-0.459
10	あいのうた	-0.458

図32　Word2Vecの解析結果（「社会ー愛+機会」遠い順）

算結果から最も遠い、対極にある言葉」を算出することも可能です。

たとえば、「社会−愛＋機械」という数式。「愛のない、機械だけの社会とは？」という数式になりますが、そのまま計算すると「産業社会」とか「労働市場」というような言葉が並びます。しかし、この計算結果と最も程遠い、対極にある言葉を算出すると、図32のようなリストになります。

ほぼ全てが歌のタイトルなのです。機械化された愛のない社会に歌は生まれない、逆に言えば、歌が存在しているということはその社会にまだ愛がある証拠だ、とでもWord2Vecのアルゴリズムを介してみんなの無意識が主張しているかのようです。

ビッグデータへの質問力

このシステムを開発し、様々な言葉の数式のトライを続けている博報堂研究開発局の春名宏樹研究員が言った印象的な言葉があります。それは、「このシステムは、まるで言葉の通じない新人社員のようだ」という一言です。

システムのもとになっているWord2Vecはあくまでも同じような文脈で使われる単語を教えてくれるだけのアルゴリズムなので、人間のように言葉の意味を完全に理解しているわけではありません。そのため、数式の結果は人間が見ると若干の「おかしさ」や「不完全さ」を含んでいます。だからこそ、言葉が通じないようでいてハッとすることを時々言っては新しい気付きをくれる、全く違う発想を持った人間が現れたような感覚がするのだそうです。

私たちがこの言葉に衝撃を受けたのは、従来のデータとは全く違う、ビッグデータならではの向き合い方がそこに生まれているからです。無限に近い規模のデータが実現する、終わりのない質問と回答の応酬は、あたかもビッグデータとの対話です。

2-4で検索データへの問いの投げかけ方、第2キーワード分析の解説でも触れましたが、無限の広がりのあるビッグデータに対してシステムやアルゴリズムの窓からどんな問いを発するか、そして出てきた解をどのように解釈し、掘り下げるか。マーケターに、ビッグデータへの質問力というこれまでにないスキルが求められつつある、ということなのではないでしょうか。

★1　厚生労働省「平成28年度人口動態統計特殊報告「婚姻に関する統計」の概況」
https://www.mhlw.go.jp/toukei/saikin/hw/jinkou/tokusyu/konin16/dl/gaikyo.pdf

★2　「生活定点」調査：「いくつになっても恋愛をしていたいと思う」時系列推移
https://seikatsusoken.jp/teiten/answer/776.html

★3　博報堂生活総合研究所『家族30年変化』
https://seikatsusoken.jp/family30/

★4　博報堂生活総合研究所「生活定点」調査「感覚消費派」
https://seikatsusoken.jp/teiten/answer/951.html

★5　博報堂生活総合研究所「新型コロナウイルスに関する生活者調査」

★6　博報堂生活総合研究所「Life After 3.11 ～時系列調査に見る価値観変化と暮らしの進路レポート」
https://www.hakuhodo.co.jp/uploads/2011/08/20110822.pdf

★7　Google Code Archive　Word2Vec
https://code.google.com/archive/p/word2vec/

3章

膨大なデータ量がもたらす、驚きの解像度

3章では、多量、多様、多更新という3つの特徴を持つビッグデータだからこそ可能となる分析をご紹介します。3つの特徴が生み出す価値を一言で言えば、それは生活者の実態を今までになくクリアに浮かび上がらせる「解像度の高さ」です。

たとえば、数万人、数十万人規模での分析が可能なデータ規模を持つ場合が珍しくないため、マクロデータのように年代ではなく年齢で区切った分析が可能になります。また、複数の年齢の波形を重ねて分析することも可能になります。これについては3-1、3-2で詳しく解説します。

データの種類が多様という点では、たとえば家計簿サービスでスーパーのレシートから読み取られる決済データを見ても、そこには金額や品目だけでなく日付や決済の起こった店の郵便番号まで紐付いています。また、更新頻度が高いため月次ではなく特定の日にちや時間での消費状況の分析が可能になるのです。この点は3-3で詳しく解説します。

さらに3-4から3-6では、一人の対象者の変化を長期間継続的に追跡した分析、個々人がスマホで確認できる自分の行動データ、マイビッグデータを活用する分析、また億単位の生声によって可能になる言い回し表現を鍵にした分析など、様々なアプローチによる研究事例をご紹介します。

3-1 年代から年齢へ 新たな壁を可視化する

データは多ければ多いほどよい？

ビッグデータの定義として、データが多量かつ多様、多更新という三要素があることは先に触れた通りです。その中でも「ビッグ」データというだけに、データ量の多さはイメージが最もしやすいでしょう。

では、データ量が多いと具体的に何が良いのでしょうか。アンケート調査では通常、調査会社に登録した人（調査モニター）に依頼する、家々を訪問する、街角で声をかけるといった様々な手法で条件に合う調査対象者（サンプル）を募集します。本当は母集団（日本人について調べたいのなら日本人全員、サービスのユーザーについて調べたいならユーザー全員）に調査すれば完全に正解がわかるのですが、必要となる費用や時間を考えると現実的ではないからです。

どのくらいのサンプル数が必要なのかというと、詳しい説明は省きますが、一般的に統計では調査結果の数値と本当の母集団の値との誤差を5%程度に収められれば良いと考えます。そして調査を100回行ったら95回は調査結果がその誤差範囲に収まるようにしよう、という設定が多いのです。この場合、サンプル数としては約400人に調査すれば十分だとされています。[★1]

ただし、これは偏りのない無作為な調査対象者の抽出ができていた場合、という条件つきです。また、調査結果全体の値を見るだけであれば400人で良いのですが、男女別に結果を見るとどうなるだろう、年代別ではどうだろう、というのも分析を進めると確認したくなるものです。それぞれの区分ごとに400人を必要とすると、たとえば10〜60代まで10歳刻みで結果を見たい場合は400人×6区分で2400人のサンプル数が必要、ということになります。

このため、一般的にアンケート調査というのは数百から数千人程度のサンプル数で行われることが多いのです。より細かく区分を見たい、あるいはより誤差の範囲を小さくしたい、といった場合にはどんどんサンプル数は増えていきますが、費用などの制約もあるため生活総研の大規模な定量調査でも1万人規模【★2】のものまでです。

逆に言えば、その程度のサンプル数が確保できれば現実的な分析として成立する調査結果を得るには十分、という場合も多いのです。サンプル数が増えれば増えるほど調査結果は正確に、精度が高くなっていきますが、その差は大きくありません。だとすると、ビッグデータ分析で可能な数万、数十万単位のサンプルの分析には、どんな意味があるのでしょうか？

膨大なデータがもたらすもの

こんなことを言うと身も蓋もありませんが、大量のデータ、というだけでは分析の仕方、活用の仕方を工夫しないとあまり価値を生まない、という事実も否定できません。先に書いた通り、ビッグデータの特徴はデータ量が大量というだけでなく、様々な非構造化データ【★3】を含む多様性と、ほぼリアルタイムでデータが追加されていく多更新性の3つがあります。そして、その3つの特徴が一体となることで真価が発揮されるのです。【★4】

ですが、生活者の行動を可視化する際には「データ量が多い」という特徴がシンプルにものをいう分析もあります。その一つが年齢による波形データの分析です。

先にも触れましたが、アンケート調査では10代、20代という風に10歳刻み、あるいは5歳刻みで調査対象者を区分し、その差を分析することがよくあります。実はこれはサンプル数の制限で便宜上そうしているという側面もあるのです。本当は1歳刻みで分析したほうがより解像度が高まるのですが、仮に15〜65歳までを1歳刻み、51区分で分析しようとした場合、それぞれの区分に必要なサンプル数を400とすると2万400サンプルが必要になります。さらに男女別で分ければ必要なサンプル数は4万以上になってしまいます。

これまで、この規模のサンプル数をアンケート形式で行い、年齢による波形を分析することは行政によるマクロ統計で行われていました。皆さんも人口ピラミッドはご覧になったことがあるかと思いますが、そのもとになっているのは5年に1度行われる「国勢調査」です。この調査は外国人も含め、「日本に普段住んでいる全ての人」を対象に、日本全国の約5200万世帯を約70万人の調査員が1軒ずつ回って調査票を届けるという途方もなく大規模な調査【★5】です。政府の行っている調査はこのように国全体の全ての人を対象にしたものも複数存在し、その膨大な対象者数によって年齢での波形分析が可能になるのです。しかし、当然ですがこのような調査は必要な費用も時間も、マーケティングリサーチとしては非現実的な規模になってしまいます。

一方で、サービスのユーザー全体の行動データを蓄積しているビッグデータの場合、分析可能な対象者数が数万以上になることはそれほど稀ではありません。そのため人口ピラミッドと同様に、アンケート調査では難しい年齢による波形を分析することが可能になるのです。

年齢波形でボーダーラインを可視化する

年齢による波形データの分析からは、特定の行動が顕著に現れる区切り、ボーダーラインが可視化される場合もあります。生活総研がSmartNewsとの共同研究で分析した、記事接触データについて見てみましょう。

美容カテゴリーの記事について、女性の年齢別にPVの上位20記事にどのような記事がランクインするか分析したところ、髪型、特にショートヘアに関連した記事への接触が年齢が上昇するにつれてどんどん増加し、47歳でピークに達してその後も高止まりする、ということがわかりました。「ショート（ヘア）」を含む記事の最高順位を35歳から60歳の年齢別に示したのが図33です。

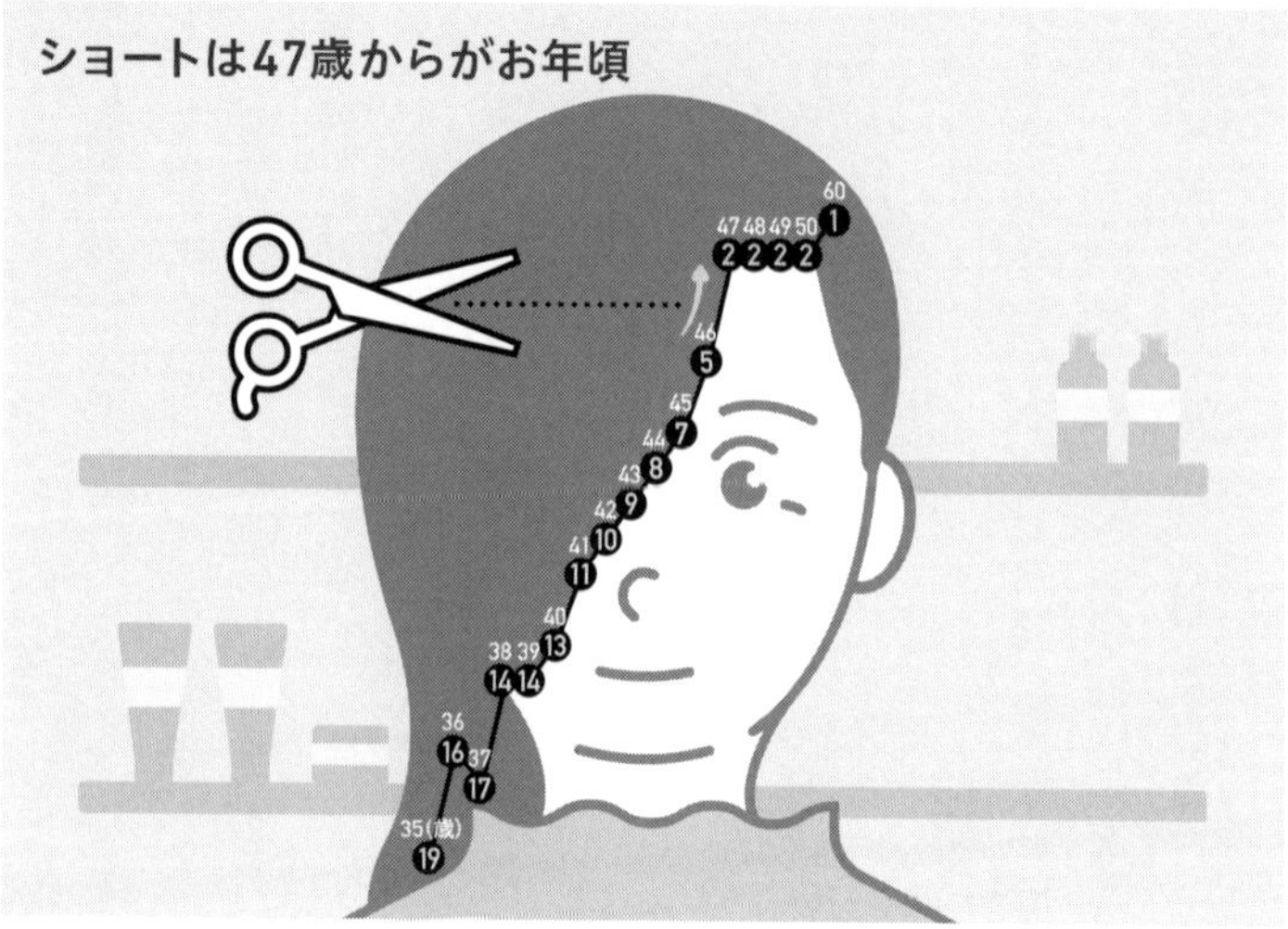

図 33　ショートは 47 歳からがお年頃（『SmartNews』BEAUTY 領域の女性各年齢の PV ランキング中で、「ショート（ヘア）」に関連する記事がランクインした最高順位。集計期間は 2019 年 8 月 1 日～ 31 日。）

30代まではコスメなどの記事が上位に多いのですが、40代になるとだんだん髪の話題自体が上位に増えていきます。これは他社の調査ですが、白髪も含めた女性の「髪染め」対策が起こりやすいのは42歳ぐらいからというデータもあります。

美容師の方にヒアリングするとプロの体感値とも合っているようで、加齢に伴う髪質の変化でロングヘアをキープしづらくなる「47歳の壁」は存在しているようです。逆に言うと、その壁を越えてロングヘアをキープしている萬田久子さんは美容師目線でもすごいんだそうです。

このようなボーダーラインの分析は他にもあり、たとえば2015年にSpotifyのエンジニアであるアジャイ・カリア氏がSpotifyの視聴データをもとに行った分析[★

6］では、各年齢のユーザーが聴いたアーティストの人気ランキングの順位の中央値が年齢が上がるごとにどう推移するかが検証されています。その結果、14歳、15歳の頃は順位の高い（流行っている）アーティストを聴いているものの、年齢が上がるにつれ聴くアーティストのランキング順位は下がっていく傾向が明らかになりました。つまり、新しく出てきた流行りのアーティストを聴かずに、自分がティーンエイジャーの頃に好きだったアーティストを聞き続けるか、よりマイナーなジャンルを開拓するようになる、ということだとカリア氏は分析しています。視聴アーティストの順位の低下は33歳で底を打ち、その後一定になります。つまり、人が新しい流行りの音楽をとうとう聴かなくなるボーダーラインは33歳だ、ということで、この分析は世界的に話題になりました。

3-2 ― 波形を重ねることで見えてくるもの

ビッグデータの分析で見えてくる年齢の波形はボーダーラインを可視化するだけではありません。いくつかの波形を掛け合わせることで見えてくる構造もあるのです。

お母さんの年齢変化

これまでも年齢の波形分析が行われていたマクロ統計からその一例をお見せします。図34は、1975年、1997年、2017年における第1子を出産した母親の年齢の構成比分布を示したグラフです。もとになっているのは各自治体に届けられた出生届などから作成される「人口動態統計」[★7]のデータです。

1975年の波形はそそり立つような山型となっています。この年は分布のピークの25歳に15・9%が集中し、22〜27歳の6年間で7割以上の人が第1子を出産していました。それだけ多くの女性が同じような年齢で出産をしていたのです。

しかし、2017年の波形はそれに比べてだいぶなだらかです。分布のピークは29歳ですが、8・1%しか集中していません。29歳を中心として7割以上の人が含まれるようにすると、その年齢幅は

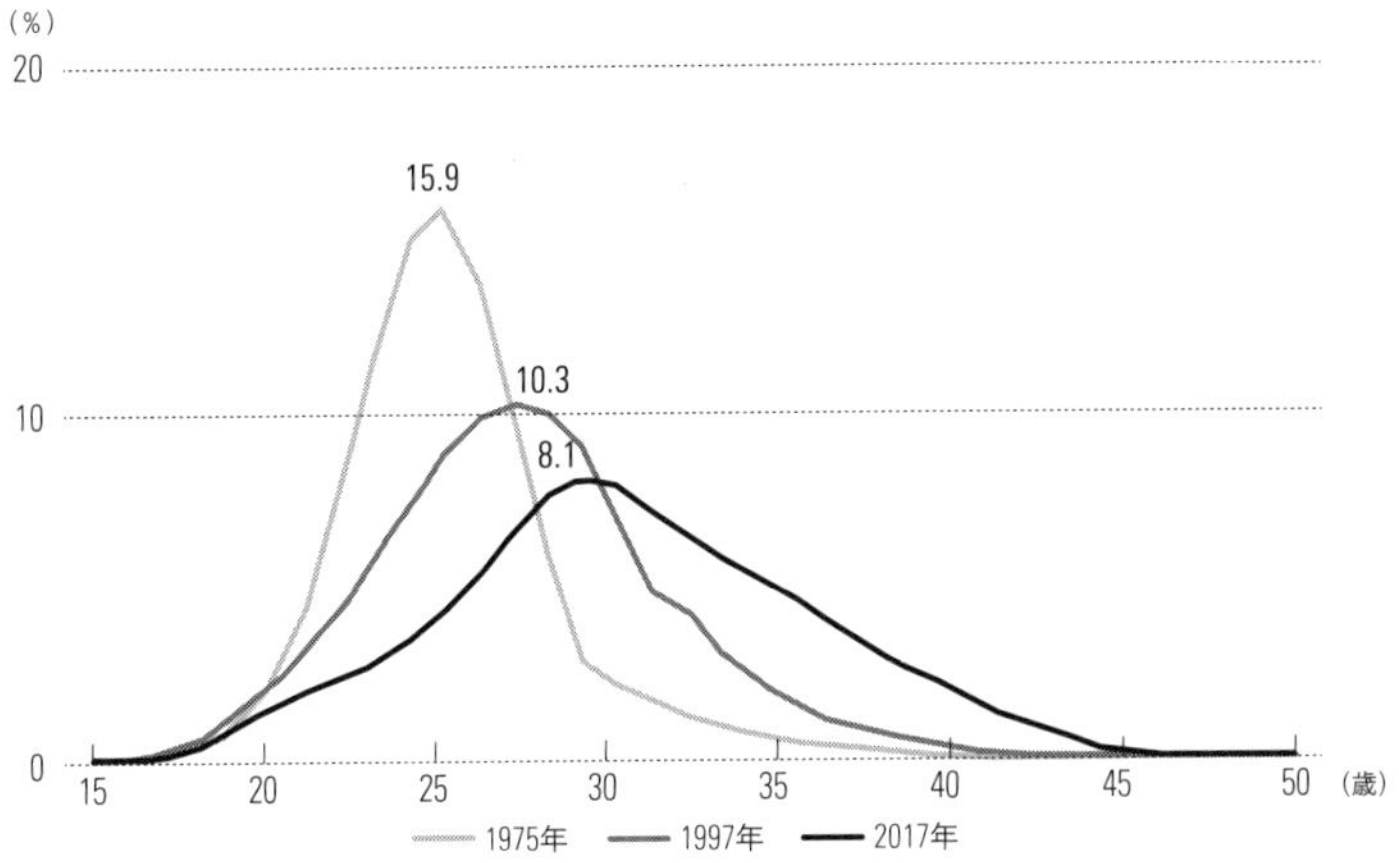

図34　第1子出産時の母親年齢の構成比
（厚生労働省「人口動態統計」「平成13年度出生に関する統計（人口動態統計特殊報告）」をもとに作成。）

25～36歳の12年間。1975年に比べて倍の幅に広がっています。

「最近は学校の授業参観に行くとお母さんやお父さんの年齢がバラバラだ」と言われますが、そのような目に見える現象の背景にある構造を波形を重ねることで可視化することができるのです。

婚活は初婚と再婚の間に

そしてマクロ統計のデータと同様、2-1でも見てきたように、デジノグラフィで分析対象となるビッグデータも膨大な数の集計対象者を抱えています。彼らの年齢が情報としてわかっていさえすれば、年齢で波形を出すことが可能です。

ということは、たとえばマクロ統計データとビッグデータそれぞれで出された年齢の波形を重ねて見ることもできるのです。

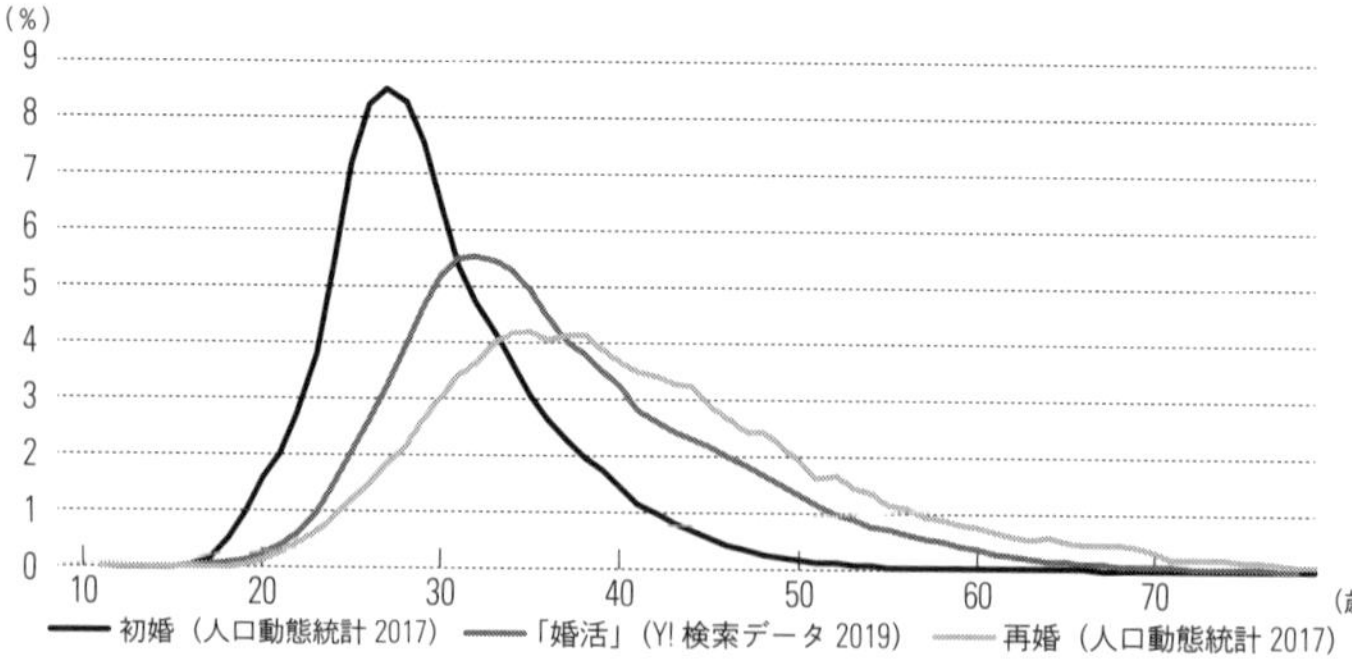

図35　初婚者、再婚者および「婚活」検索者の年齢分布（ヤフー・データソリューション　DS.ANALYSIS 解析データ、厚生労働省「人口動態統計」より作成。「婚活」検索者は３区間移動平均値。）

図35は先程のグラフと同様、「人口動態統計」のデータによる初婚、再婚の年齢の構成比分布に、Yahoo! JAPANで「婚活」という言葉を検索した人の分布（3区間移動平均値を使用）を重ねてみたものです。「婚活」の波形が、「初婚」と「再婚」の波形の間に綺麗にはまっています。婚活はどうも初婚の波が過ぎた後、そして再婚の波が来る前に行われているもののようです。

フリマアプリの取引構造を可視化する

一つのサービスの中の年齢波形でも、重ねると様々な構造が見えてくることがあります。生活総研がメルカリ総合研究所と行った共同研究の内容を見てみましょう。

フリマアプリのメルカリを使ったことがある方も多いと思いますが、メルカリには1199カテゴリーにおよぶ商品カテゴリーが存在し、1年間で億を超える回数の取引が行われています。

メルカリのようなリユースマーケットのデータは、生活者同士のものを手放したい、手に入れたいという欲求が両方確認できるという点で、購買系のデータの中でも非常にユニークです。生活者がどんなモノを、どんな人生のタイミングで融通しあっているのか。その実態を解き明かすことができるのです。

そこで私たちは、メルカリにおける2019年内の取引から、「性年齢」と「居住する都道府県」が判別可能な取引データを抽出し、商品カテゴリーごとに出品者と購入者の年齢分布を分析しました。

その結果浮き彫りになったのは、フリマアプリが生み出した新しい「モノの対流」でした。詳しく見ていきましょう。

「おさがり」と「逆おさがり」

この研究では、特に出品者と購入者の年齢分布にギャップのあるカテゴリーに注目しました。たとえば図36の「ベビーカー」取引の年齢分布グラフは、出品者、購入者ともに、きれいな山型の年齢分布となっています。出品者と購入者の分布には平均年齢で約2歳のズレがあり、出品者の方が約2歳年上です。また、取引者の性別を詳しく見ると9割近くが女性でした。つまり、「ベビーカー」は先輩ママから後輩ママへ受け継がれ「おさがり」していくカテゴリー、ということができます。

そのような考え方のもと、メルカリの全カテゴリーの年齢分布を3つのタイプに分類した構成比が

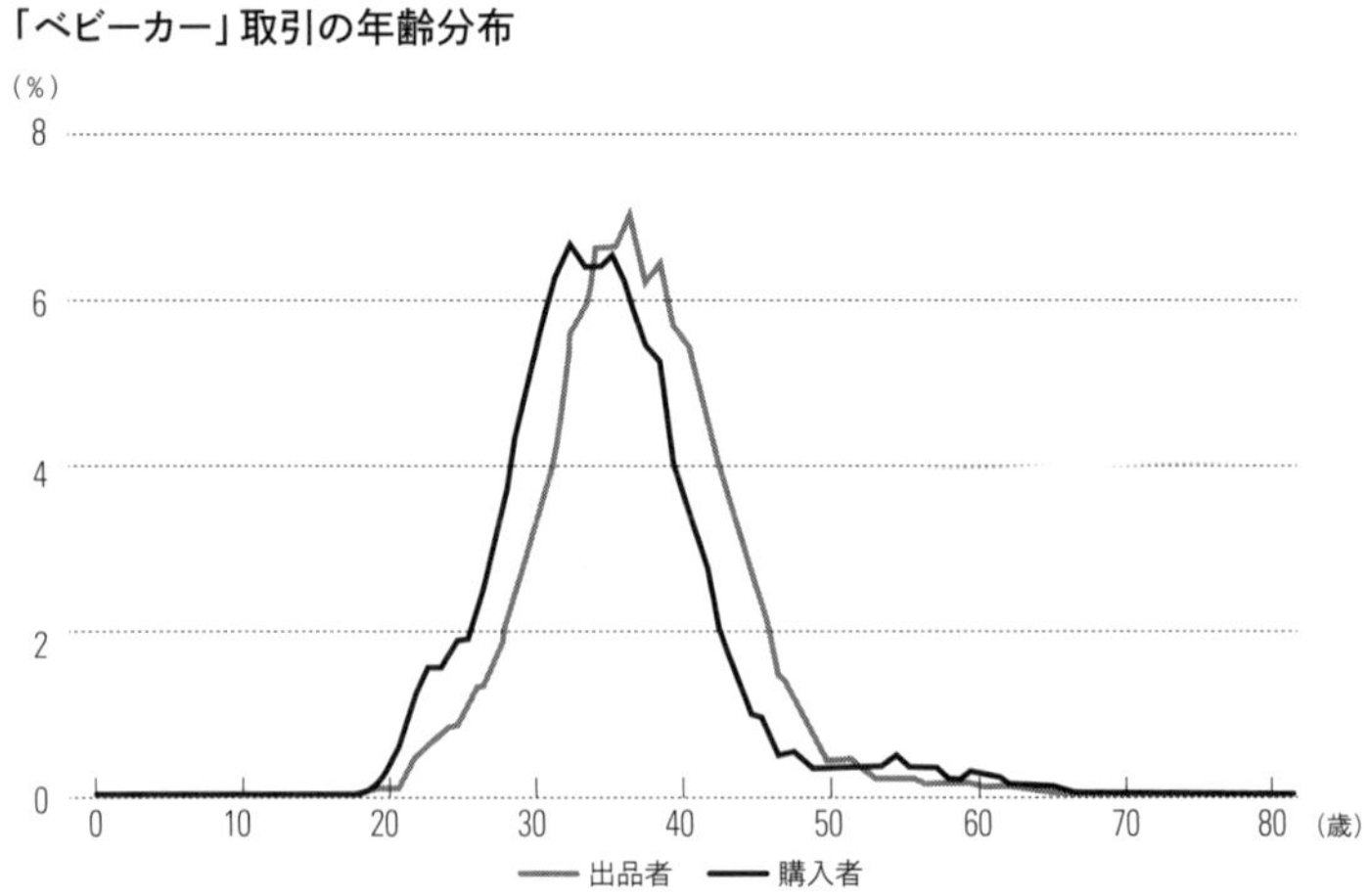

図36　「ベビーカー」取引の年齢分布
(『メルカリ』2019年取引データより作成。©Mercari, Inc.)

図37です。

左上の「おさがり型」は、ベビーカーのように平均年齢で出品者が購入者よりも1歳以上、年上のカテゴリーです。「おさがり型」は全体の20・5%を占めました。

反対に「逆おさがり型」は、購入者が出品者よりも1歳以上、年上のカテゴリーです。年上が年下からモノを買っているカテゴリーで構成比は27・0%。実は「おさがり型」より多くの構成比を占めています。

「おさがり型」と「逆おさがり型」を合わせると全体の47・5%で半数近くが上下の年齢間でモノが受け継がれる構造を持った商品カテゴリーであることがわかりました。

一方で、ホビー系のカテゴリーを中心に出品者と購入者の平均年齢の差が1歳に満たない「年齢一致型」のカテゴリーも38・0%ほど存在します。

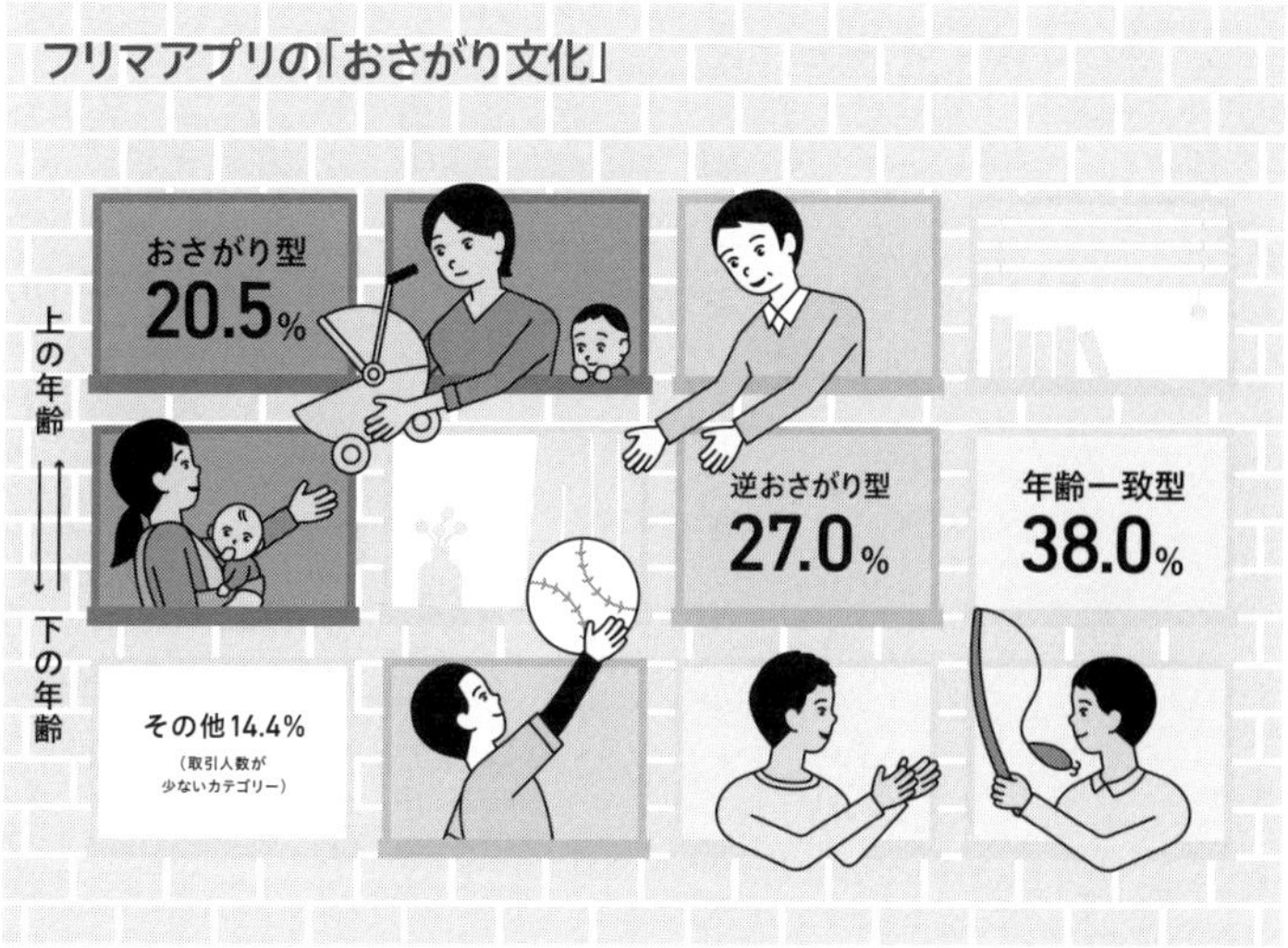

図37　フリマアプリの「おさがり文化」（『メルカリ』の1,199カテゴリーについて、2019年取引で出品者・購入者の平均年齢差が±1歳以上を「おさがり型」or「逆おさがり型」、±1歳未満を「年齢一致型」とした際の構成比。©Mercari, Inc.）

ただし、これは平均年齢というシンプルな基準による分類のため、「年齢一致型」でも実際の出品者と購入者の年齢分布の波形には差があるカテゴリーは多く存在します。そのため、メルカリの全カテゴリーのうち〝少なくとも〟約半数には年齢の上下でのモノの受け渡しが傾向として見られた、ということだと理解していただければと思います。

ちなみに、出品者・購入者のいずれかが1000人未満のカテゴリーは年齢分布の分析には取引者数が不十分だったため、「その他」に分類しています。

フリマアプリが現代の「おさがり文化」を支えている

私たちはこの結果を、フリマアプリが現代の「おさがり文化」を支えているのではないか?と捉えました。

たとえば育児用品を考えると、先程ご紹介したように1975年くらいの段階では第一子を出産する女性の年齢分布は25歳前後の非常に狭い範囲に集中していました。年齢のタイミングが揃っているので、友達など年の近い直接の知り合いからおさがり品をもらいやすい環境があったわけです。

一方で、現在の第一子出産年齢の分布は大きく広がっています。個人の生き方が多様になるのは素晴らしいことなのですが、「おさがり」という点だけを見ると、タイミングが合いにくくなっている、とも言えます。

そこに登場したフリマアプリがオンライン上でモノを手放したい人と欲しい人をマッチングさせた結果、従来のおさがり文化が補完されるだけでなく、「逆おさがり」といった新しい文化も育っているのは興味深い結果です。

「おさがり型」「逆おさがり型」「年齢一致型」それぞれについて、具体的な商品カテゴリーを見てみましょう。

上世代からZ世代の若者へ、文化が「おさがり」

先程の「ベビーカー」と同様に、育児用品は「おさがり型」が大多数です。

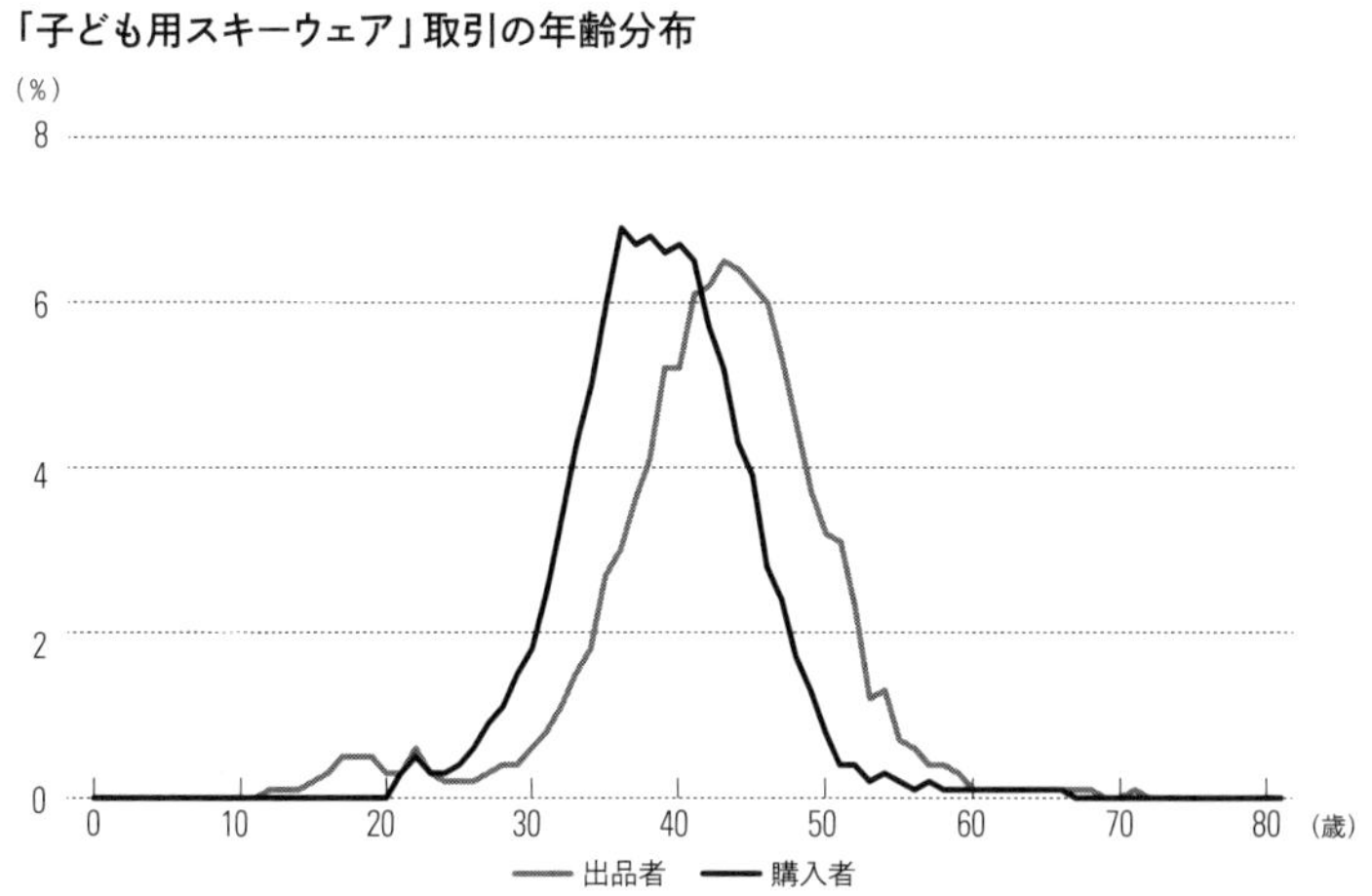

図38 「子ども用スキーウェア」取引の年齢分布
(『メルカリ』2019年取引データより作成。©Mercari, Inc.)

たとえば「子ども用スキーウェア」は、出品者の年齢分布のほうが購入者よりも上の年齢にずれており、平均年齢で3・5歳ほどの差があります。子どもにスキーを教えたいパパ・ママが少し先輩のパパ・ママから買っているということです（図38参照）。

今回の分析で、おさがりするのは育児用品だけではない、ということもわかりました。上の世代から20歳前後の「Z世代」と呼ばれる若者に文化が継承されているカテゴリーを見てみましょう。

たとえば「ダーツ」や「美顔ローラー」の場合、出品者は20代後半から30代、購入者は20歳前後を山として分布していることがわかります（図39・40参照）。「麻雀」、「体重計」なども同様の年齢分布を示しています。

「ダーツ」や「麻雀」は男性、「美顔ローラー」

「ダーツ」取引の年齢分布

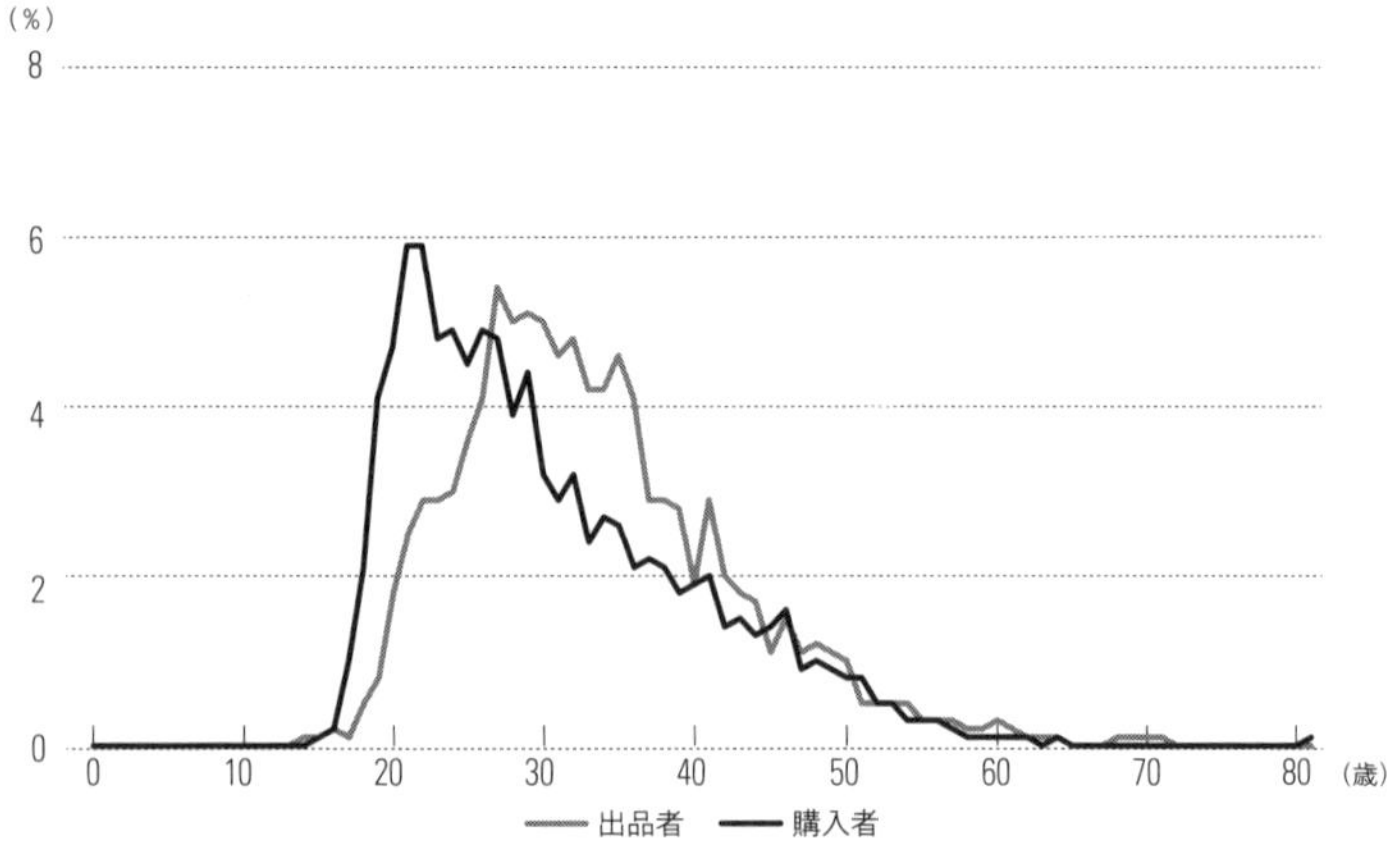

図 39 「ダーツ」取引の年齢分布
(『メルカリ』2019 年取引データより作成。©Mercari, Inc.)

「美顔ローラー」取引の年齢分布

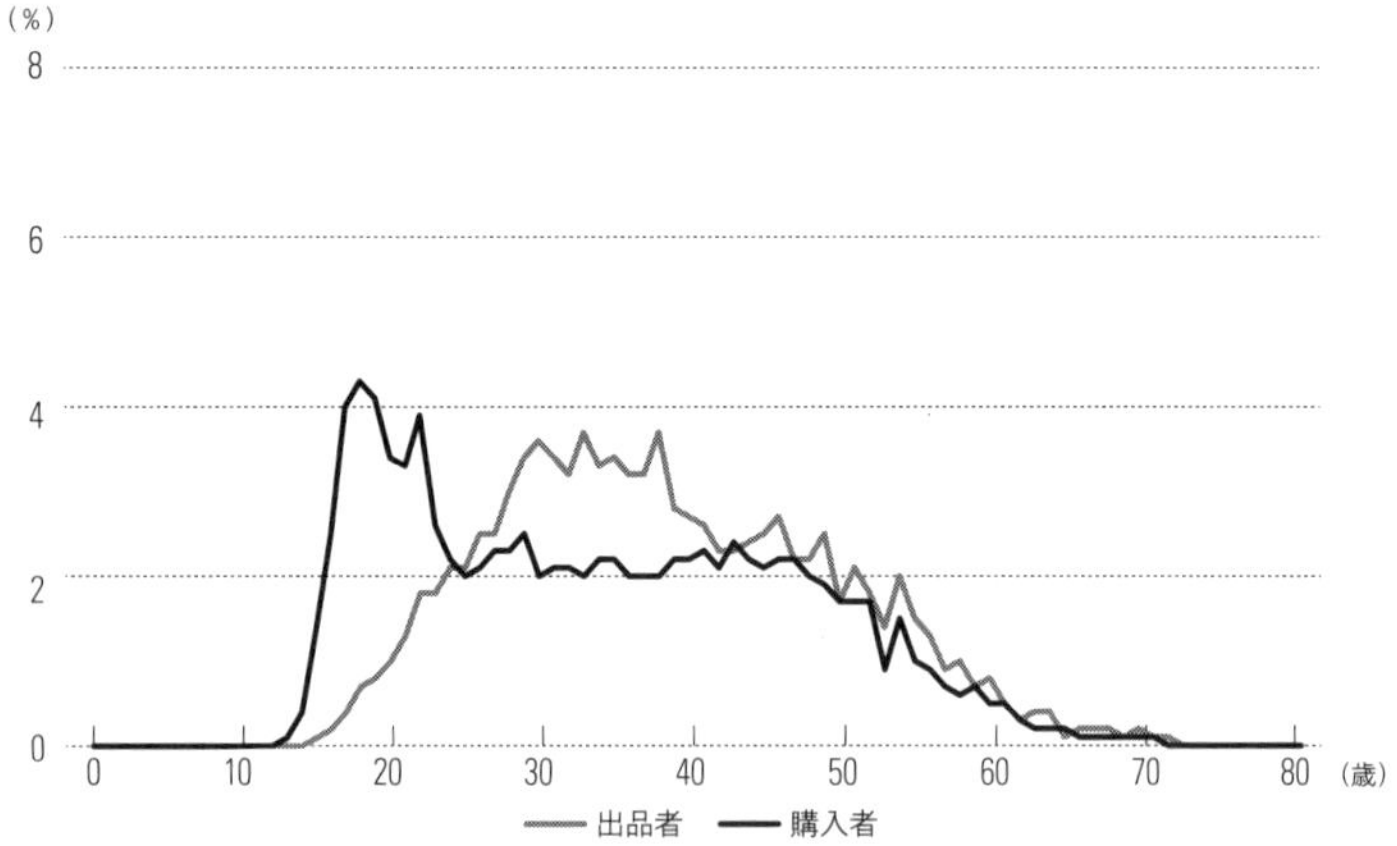

図 40 「美顔ローラー」取引の年齢分布
(『メルカリ』2019 年取引データより作成。©Mercari, Inc.)

「フィルムカメラ」取引の年齢分布

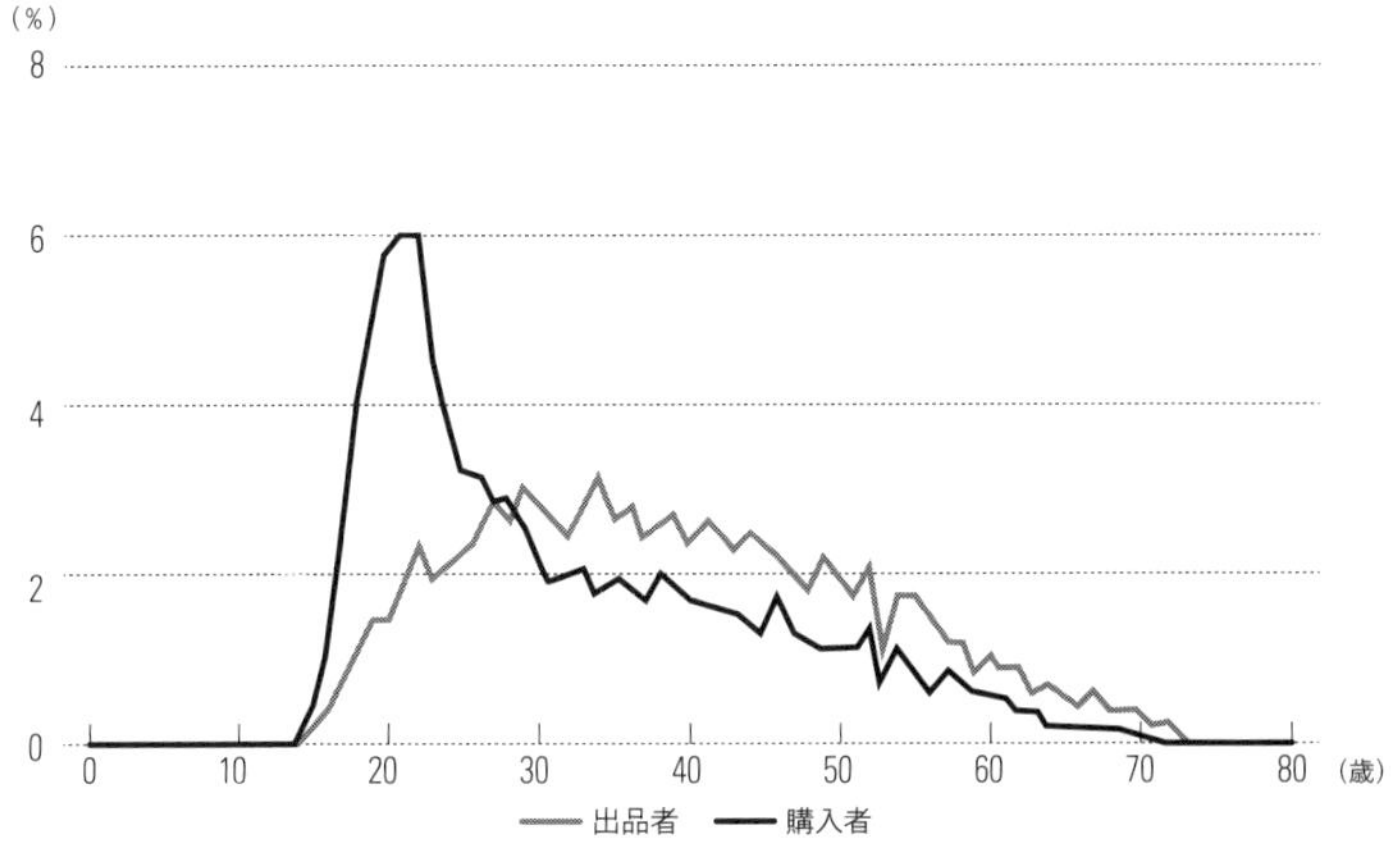

図41 「フィルムカメラ」取引の年齢分布
（『メルカリ』2019年取引データより作成。©Mercari, Inc.）

や「体重計」は女性の取引者が多いカテゴリーですが、共に20歳前後のZ世代（90年代半ば以降生まれ）に、年上のミレニアル世代（80〜90年代前半生まれ）からオトナの文化が継承されている様子がうかがえます。

「フィルムカメラ」の場合、出品者は全年代にわたり満遍なく分布しています。一方、購入者は20歳前後の年齢が突出していることがわかります。Z世代はスマホ、SNSネイティブである一方、フィルムカメラやカセットテープなど、あえて画質や音質などのクリアさを抑えたアナログツールにも興味を示す世代です。このデータにもその傾向が現れていると言えるでしょう（図41参照）。

また、「スケートボード」の購入者は少し変わった年齢分布をしています。出品者は30代後半から40代前半を山として分布している一方、購入者は

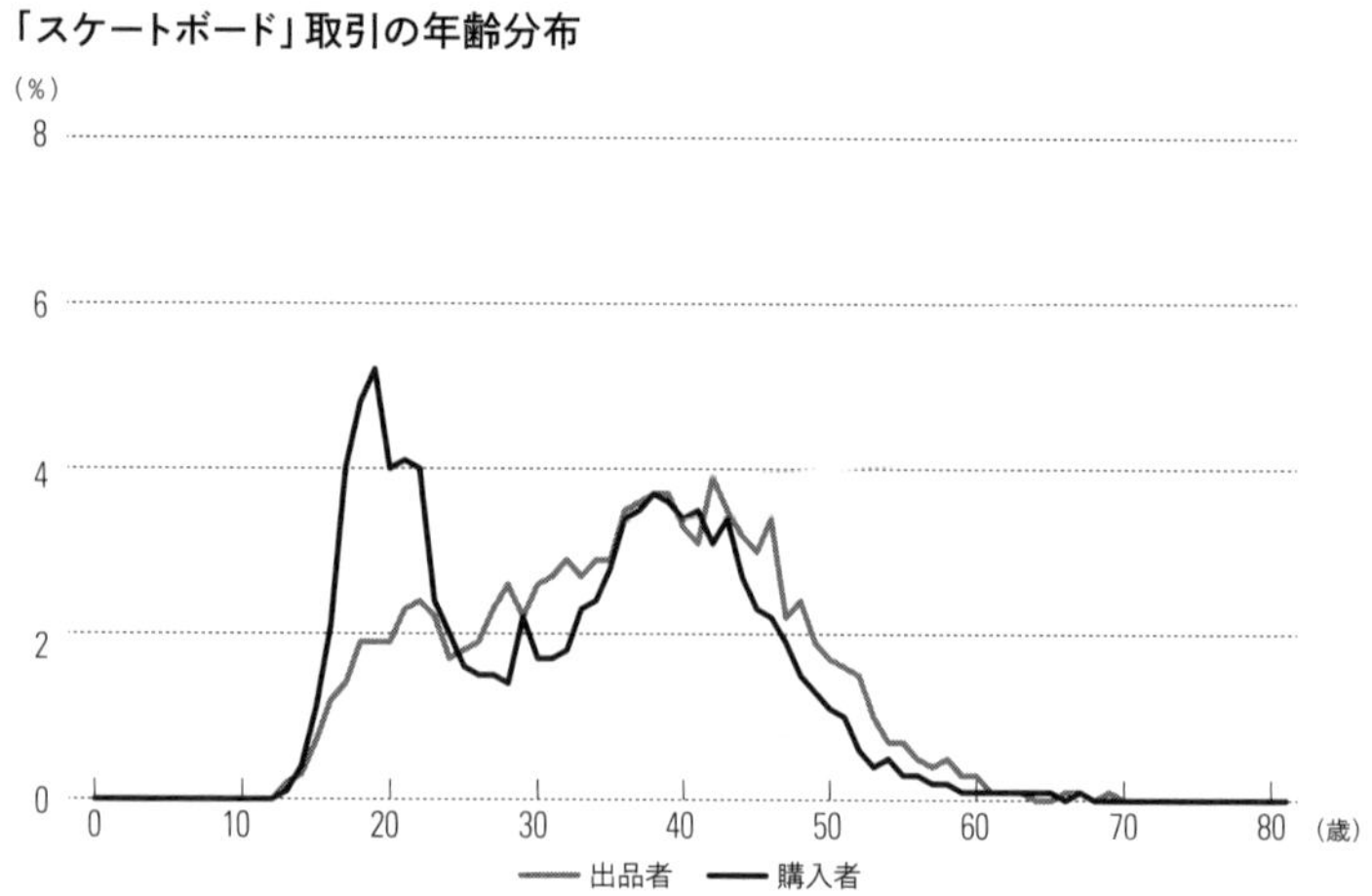

図 42 「スケートボード」取引の年齢分布
(『メルカリ』2019 年取引データより作成。©Mercari, Inc.)

10代後半から20代前半、30代後半から40代前半と、2つの山が存在します。90年代のストリートブームの中でスケボーを楽しんだ世代が今でも同世代間で取引をしている一方、その文化はZ世代にも受け継がれていることがわかります（図42参照）。

嗜好性飲料や安心ツール、温もり関連商品は、40、50代に「逆おさがり」

一方、年下から年上に「逆おさがり」するカテゴリーも見てみましょう。

「コーヒー」の取引は、出品者では30代、購入者では40代を山として分布していることがわかります（図43参照）。同様の年齢分布を「茶」など他の嗜好性飲料も示しており、贈答品などを自宅で使いきれない下の世代から、上の世代にモノが循環していることがうかがえます。

「コーヒー」取引の年齢分布

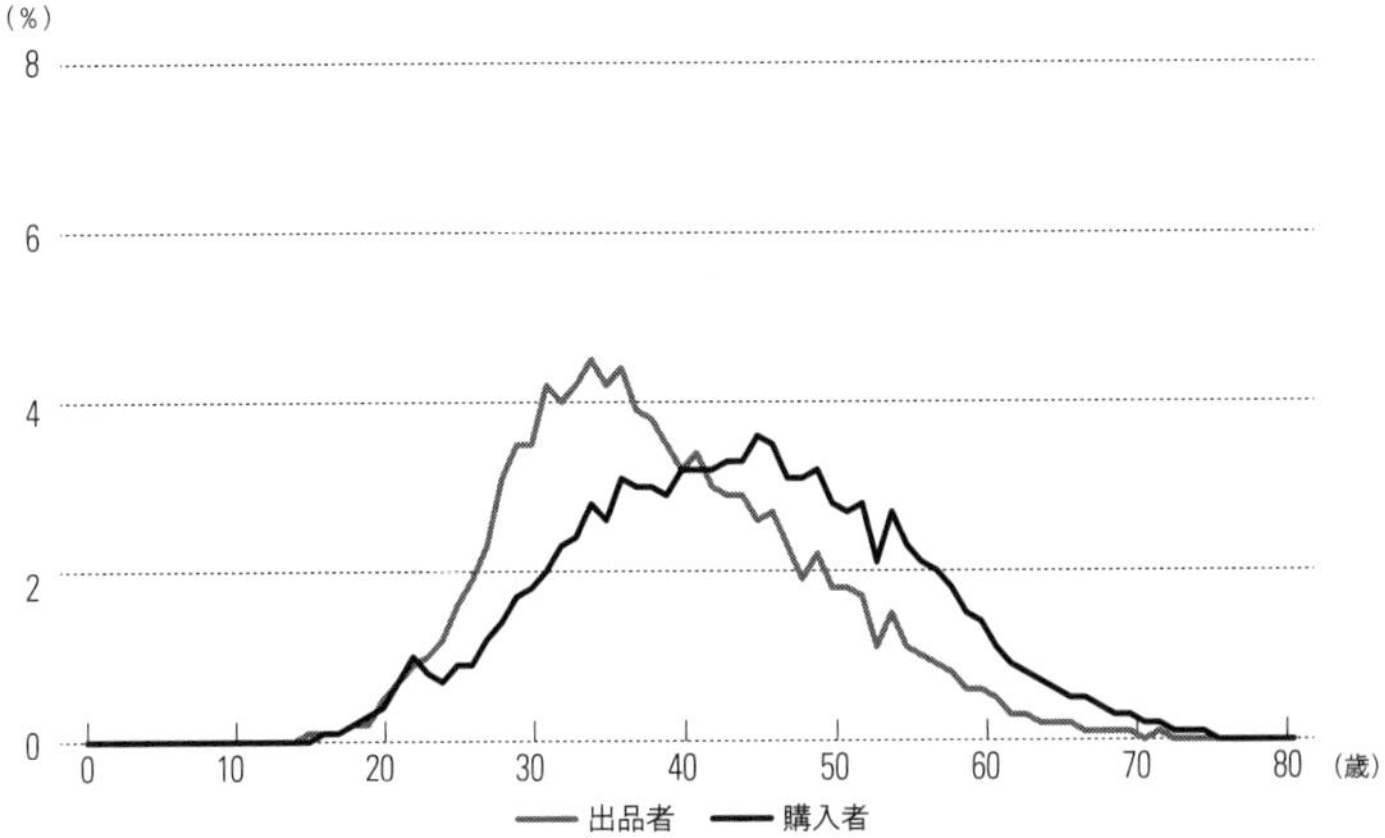

図43　「コーヒー」取引の年齢分布
(『メルカリ』2019年取引データより作成。©Mercari, Inc.)

「ドライブレコーダー」取引の年齢分布

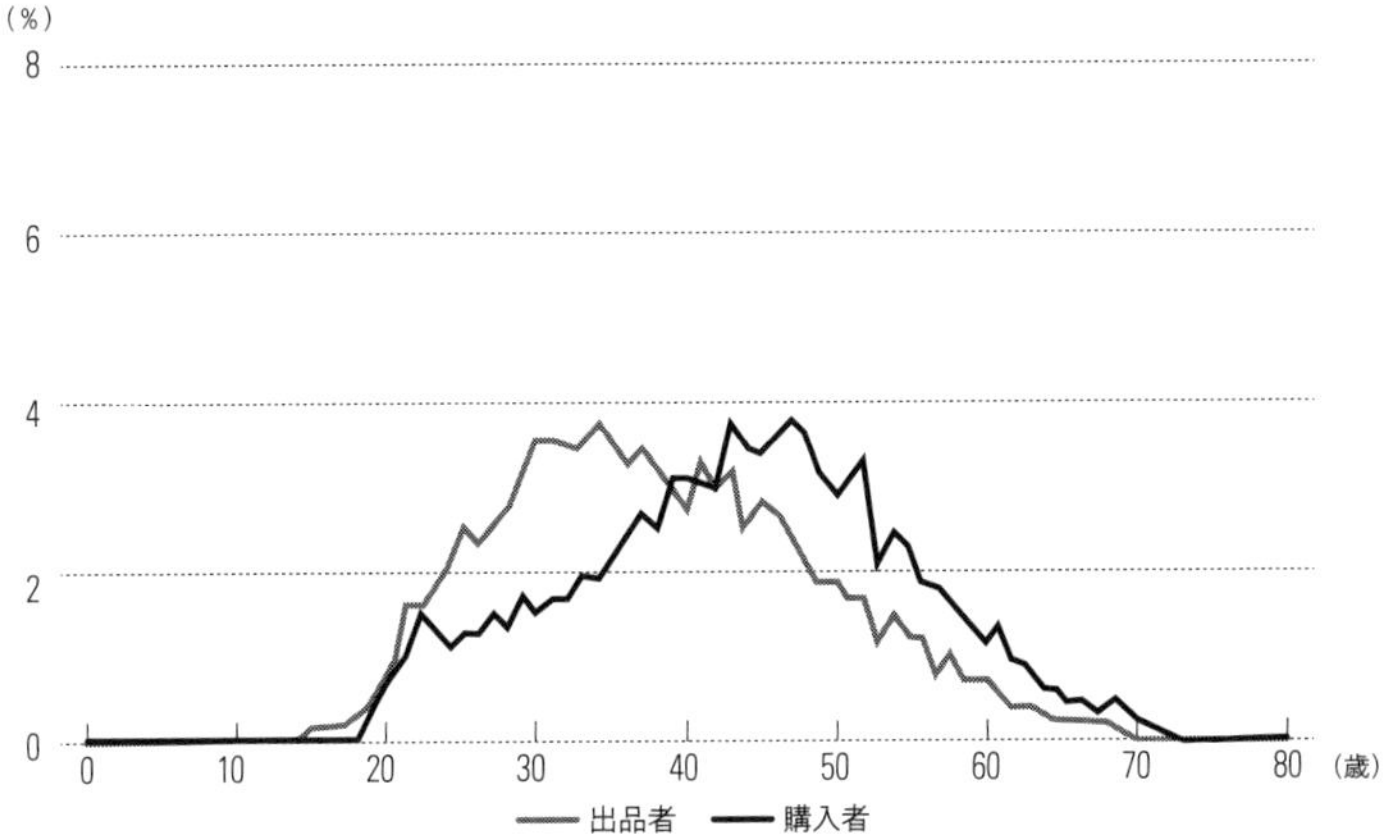

図44　「ドライブレコーダー」取引の年齢分布
(『メルカリ』2019年取引データより作成。©Mercari, Inc.)

「練習機器（野球）」取引の年齢分布

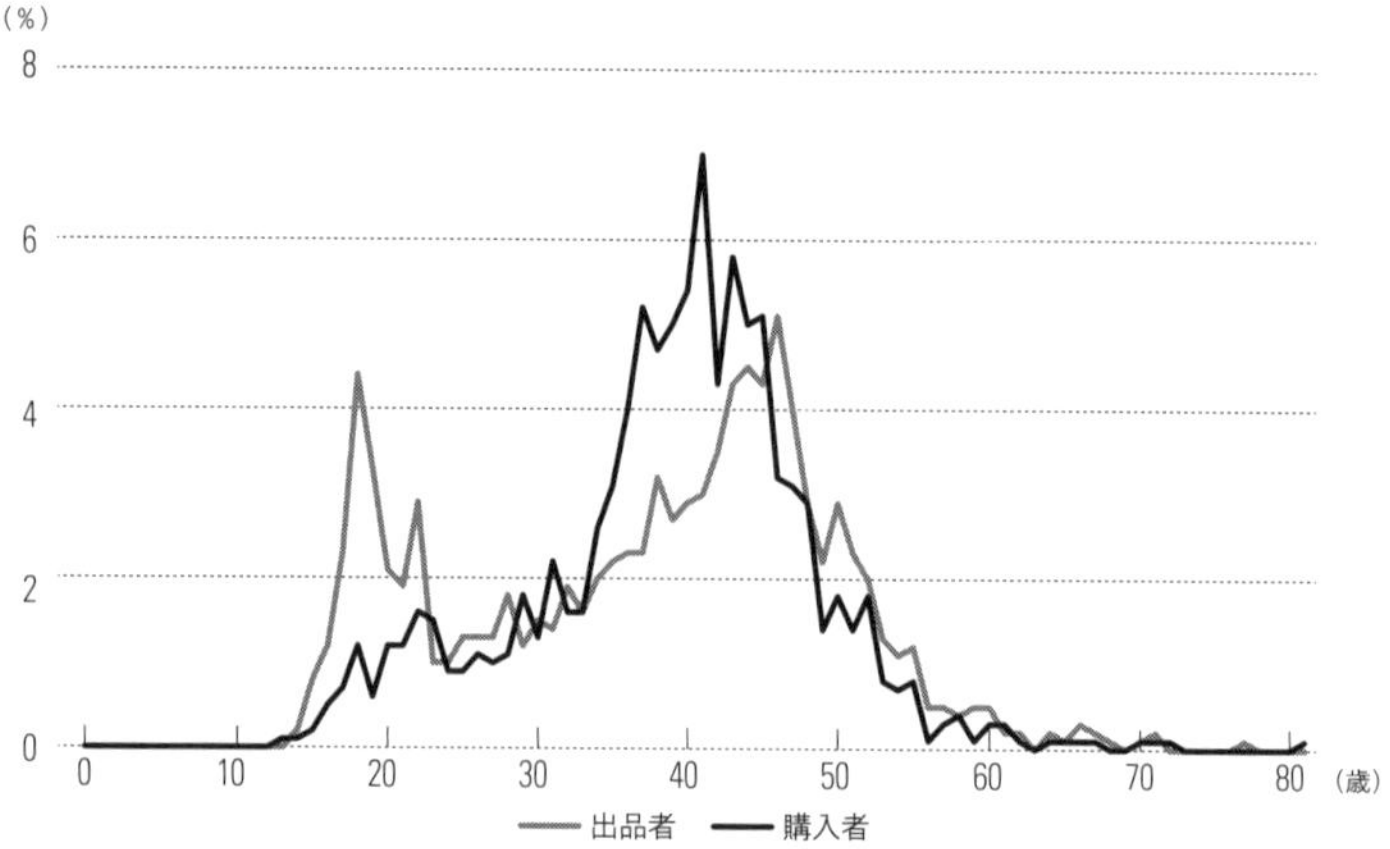

図 45　「練習機器（野球）」取引の年齢分布
（『メルカリ』2019 年取引データより作成。©Mercari, Inc.）

同様に、「ドライブレコーダー」や「防犯カメラ」、「レーダー探知機」など安心のためのツール、「入浴剤」や「電気ヒーター」、「電気毛布」など〝温もり〟に関連する商品も、30代から40代・50代へと受け渡される「逆おさがり型」となっています（図44参照）。また、「乳液／ミルク」など他のコスメ系消費財カテゴリーにも「逆おさがり型」であるカテゴリーが多く存在していました。

野球ボールは高校球児から、野球を始める子どもの親・指導者世代へ

また、ボールを中心とした「練習機器（野球）」は、出品者は18歳に突出した山があり、40代後半にもう一つの山がある一方、購入者は40代前半を山として分布しています。40代の近い世代間で取引がある一方で、部活を引退した高校球児から、野球

「ロッド（フィッシング）」取引の年齢分布

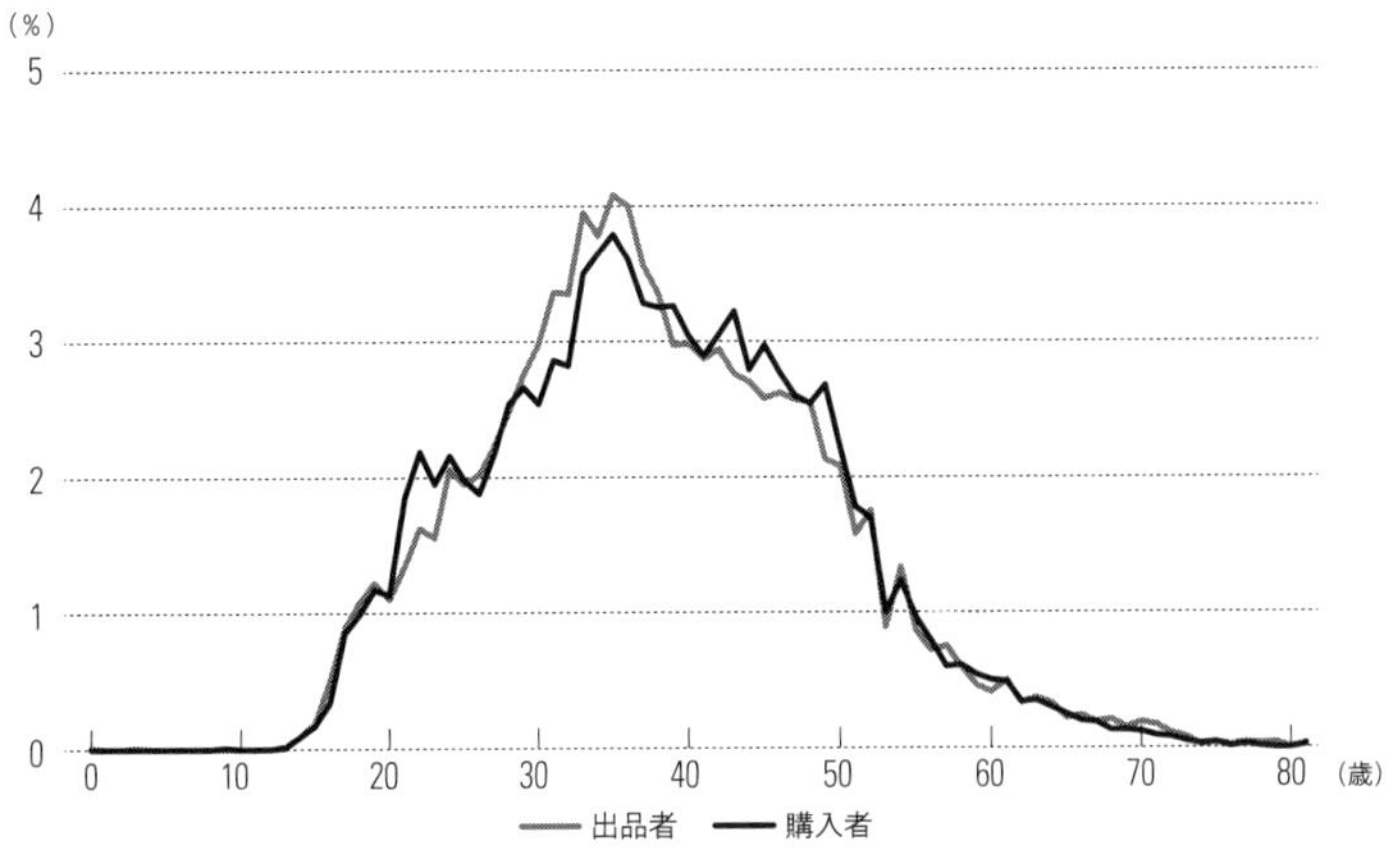

図46 「ロッド（フィッシング）」取引の年齢分布
（『メルカリ』2019年取引データより作成。©Mercari, Inc.）

を始める子どもを持つ親や指導者の世代に「逆おさがり」していることがわかります。さらにいえば、親や指導者を介して、引退する高校球児から次の世代の球児にボールが受け継がれている、とも考えられるでしょう（図45参照）。

趣味のカテゴリーや一部のメンズファッションは、年齢一致型

出品者と購入者の年齢分布が変わらない「年齢一致型」を最後に見てみましょう。

「ロッド（フィッシング）」の場合、出品者・購入者の年齢分布が共に35歳を山として、ほぼ一致していることがわかります（図46参照）。その他にも、アニメ関連のグッズや模型などおもちゃ・ホビー関連、スポーツ・アウトドア関連といった趣味性の高い分野では、出品者と購入者の年齢分布が一

「スニーカー（メンズ）」取引の年齢分布

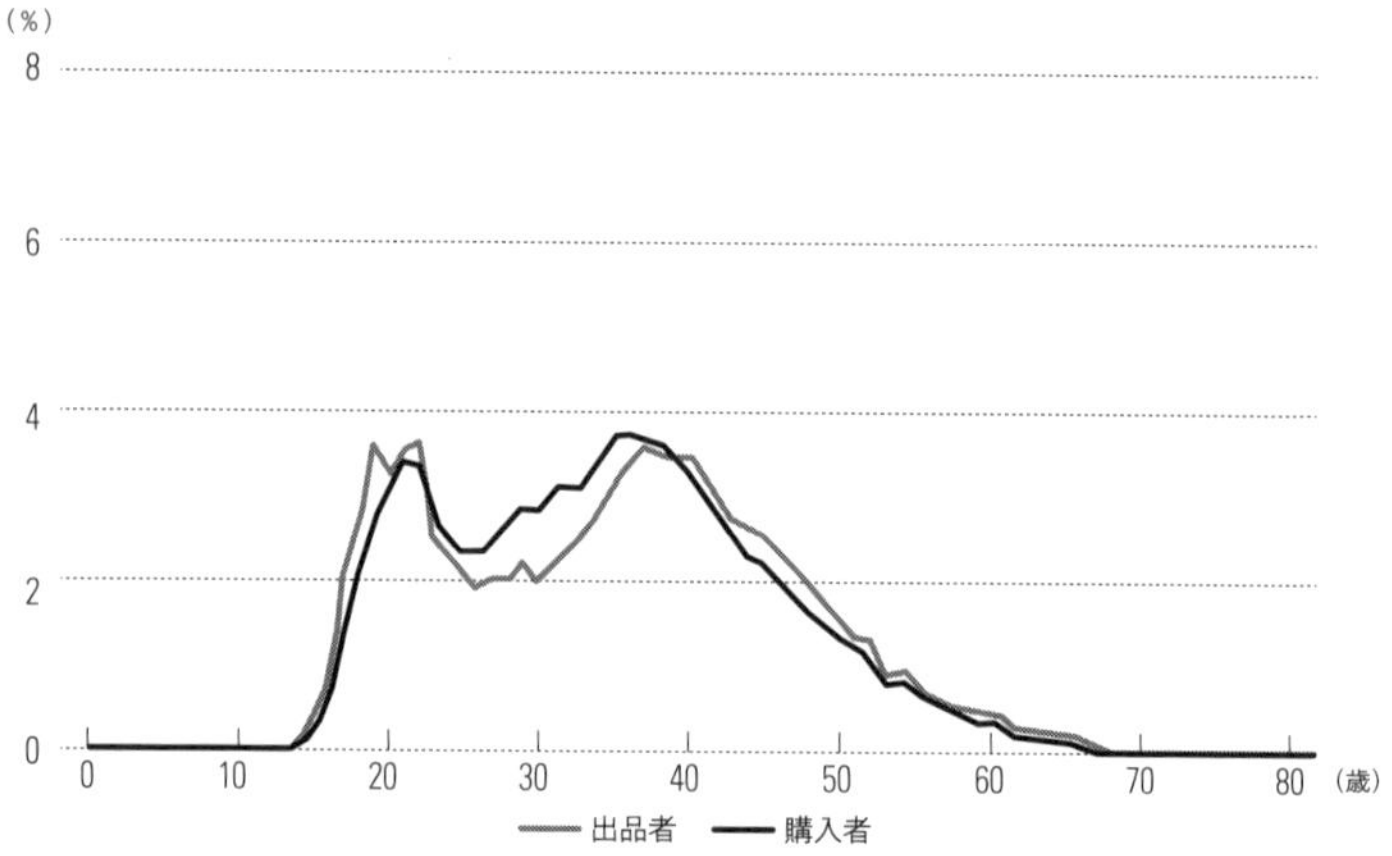

図 47　「スニーカー（メンズ）」取引の年齢分布
（『メルカリ』2019 年取引データより作成。©Mercari, Inc.）

致するカテゴリーが多くありました。

また、「スニーカー」は出品者・購入者ともに、20歳前後と40歳前後の2つの山があることがわかります（図47参照）。同様の年齢分布は、「ブルゾン（メンズ）」などの他のメンズファッションカテゴリーでも散見されました。

「スニーカー」は特に多くの人に取引されているカテゴリーだったため、縦軸が出品者の年齢、横軸が購入者の年齢となっている詳細なグラフも同時に作成しました（図48参照）。

取引が活発なゾーンほど色を濃くしているのですが、これでわかるのは20歳前後同士だけ、アラフォー同士だけで取引がされているのではなく、2つの年代の間でも相互に売り買いがある、ということです。

分析後の発表会でパネルディスカッションを行ったメルカリジャパンCEOの田面木宏尚さ

「スニーカー（メンズ）」の取引分布　出品者年齢×購入者年齢

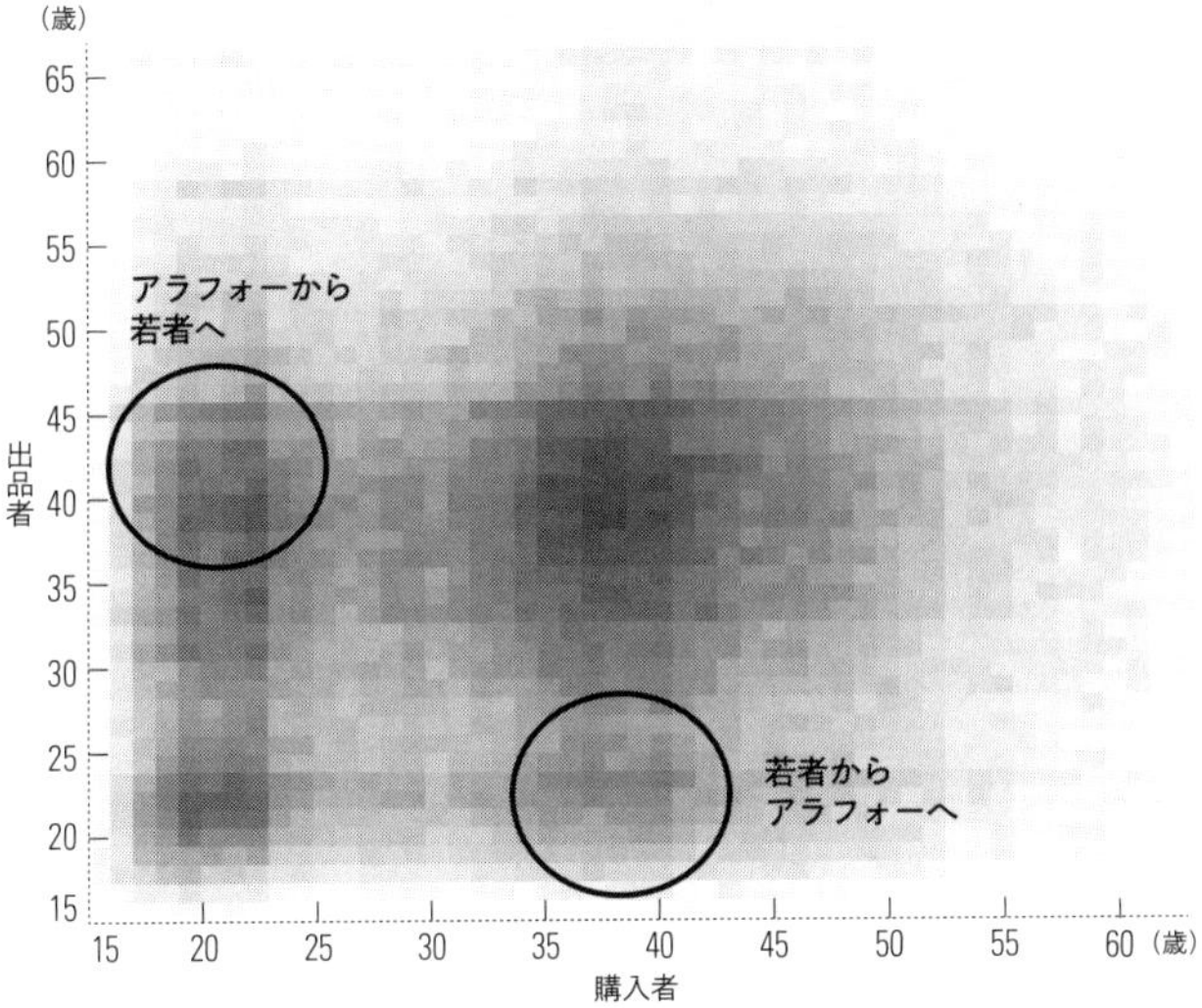

図48　「スニーカー（メンズ）」の取引分布　出品者年齢×購入者年齢
（『メルカリ』2019年取引データより作成。©Mercari, Inc.）

んは大のスニーカーコレクターだったので、年齢間取引の活発なゾーンがひと目でわかるこのグラフは非常に盛り上がりました。

田面木さんによると、ナイキのエアマックスを代表例に、40代は1990年代に「裏原」文化を経験した世代である一方、今まさにストリートカルチャーが再燃しており、20代が40代の趣味に興味を持っているんだそうです。その結果として生まれるカルチャーの世代間交流が、まさにデータで可視化された、ということでしょう。

インターネットの本質的な価値

生活スタイルやライフステージの多様

『ウエディングドレス　35万　3rd 幸せバトン』は、78回の取引実績を持つ　　　から出品されました。ウェディング/レディースの商品で、　　　1~2日で発送されます。

出品者	
カテゴリー	レディース ＞スーツ/フォーマル/ドレス ＞ウェディング
ブランド	
商品の状態	目立った傷や汚れなし
配送料の負担	送料込み(出品者負担)
配送の方法	らくらくメルカリ便
配送元地域	
発送日の目安	1~2日で発送

(税込)送料込み

図 49 『メルカリ』内での実際の取引

化により、リアルな「おさがり品」のやりとりが起こりにくくなった今、フリマアプリがモノを手放したい人と手に入れたい人のマッチングを可能にしている実態がこの分析で明らかになりました。そこには単純なお金や品物のやり取りだけではなく、感情のやり取りも発生しています。

象徴的な事例が、図49のようなウエディングドレスの取引です。商品紹介文に「幸せバトン」というタイトルがついています。モノだけでなく、幸せという感情も含めて相手に引き継ごうとする生活者の気持ちがそこに表れています。

実はInstagramにも同じようなハッシュタグがあり、結婚式を終えた人が、これから結婚式をする「プレ花嫁さん」に向けて手袋など様々な結婚式用品の写真を投稿し、モノを譲り合っています。生活総研ではそのような取引を行っている人に実際にインタビュー調査も行っているのですが、出品者側には自分の結婚式後の盛り上がりを誰かと共有したいという気持ちが非常に大きいということがわかっています。

そして「おさがり文化」の補完にとどまらず、「逆おさがり」のような従来はなかなか生まれにくかった新しい文化が育っている、ということも今回の分析の大きな発見です。リアルなつながりの場合は年下から年上が何かをもらう、ということに抵抗感を持つ人もいますが、適度に匿名性が担保されたプラットフォーム上では抵抗なく取引ができます。このことも、「逆おさがり」が「おさがり」以上にメルカリで多い背景の一つになっているのでしょう。

リアルなつながりの中だけで行われていたニーズのマッチングが、インターネット、スマートフォン、アプリといったテクノロジーによって、日本全体、あるいは世界全体で行われるようになったからこそ、このような現象が生まれています。そういう意味では、この分析結果はリユースマーケットだけでなく、インターネットの本質的な価値にもつながっていると言えそうです。

3-3 帯域から点へ、ピンポイント分析でわかること

さて、3-1、3-2では主にビッグデータのデータの多量さを活かした分析をご紹介しました。3-3では、ビッグデータの残り2つの特徴である、データの多様性と多更新性を活かした分析として、どのような分析が可能なのかを見ていきたいと思います。

ここでご紹介するのは、累計900万ダウンロードを超える日本最大級のオンライン家計簿サービスZaimを運営する株式会社Zaimと共同で行った研究です。この研究では、2018年1年間の家計簿統計データを分析しました。[★8]

Zaimにはスーパーのレシート画像から情報を読み取って家計簿に自動入力する機能があるのですが、レシートには金額や品目、日付だけでなく、決済の起こった店の郵便番号まで記載されています。それだけ紐付くデータが多様だということです。また、そもそも家計簿サービスには日々ユーザーからの収入や支出に関する情報が蓄積されていくため、まさに多更新なビッグデータと言うことができます。

まずはこのデータの多様性、多更新性を活かして、1年365日のうち特定の日付、特定の場所における消費の盛り上がりを可視化した分析を見てみましょう。

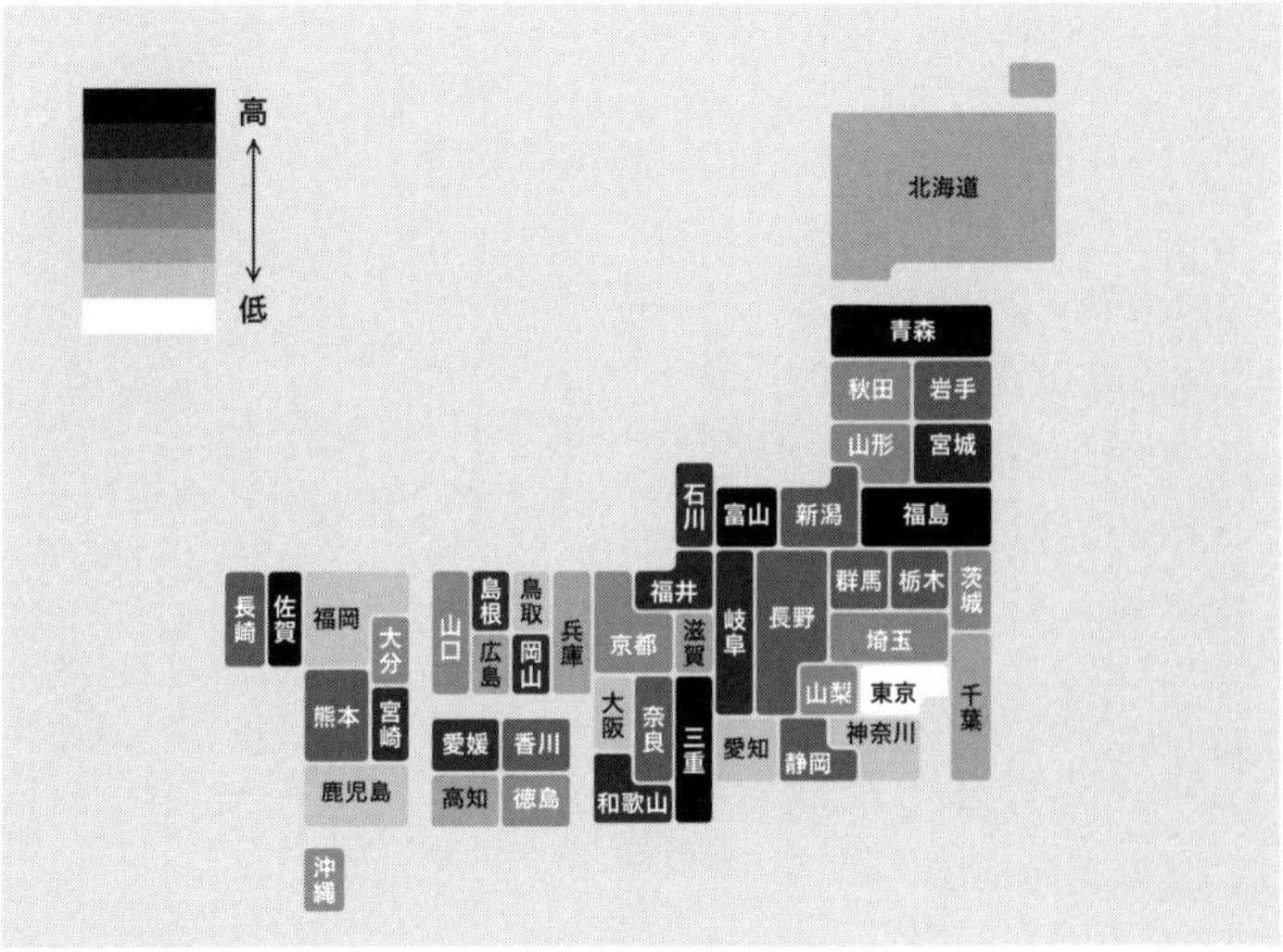

図 50　年末年始の支出金額の高低 MAP（Zaim 調べ。2018 年の「365 日の平均支出金額」に対する「年末年始の支出金額」の比率を都道府県別に算出。レシートデータを基に発行店舗の所在地から都道府県を推定。）

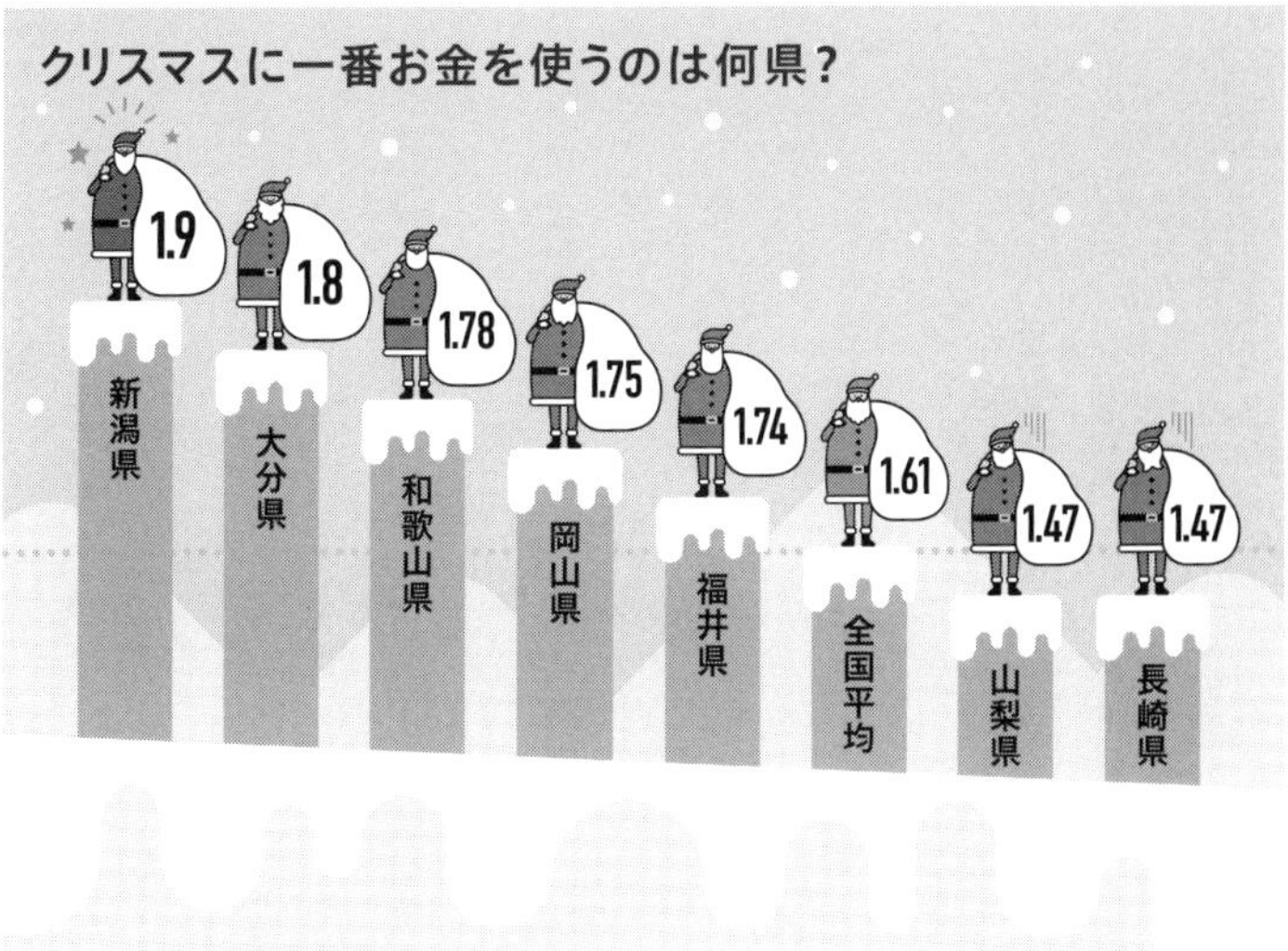

図 51　クリスマスに一番お金を使うのは何県？（Zaim 調べ。 2018 年の「365 日の平均支出金額」に対する「12 月 23 ～ 24 日の 1 日あたり支出金額」の比率を都道府県別に算出。）

特定の日に消費が一番盛り上がる場所を特定する

図50は各都道府県内での年末年始（2018年の1月1-3日および12月29-31日）の支出の高低を示しています。支出金額の365日平均に対する該当期間の1日あたり支出金額の比率を算出し、相対的に高い県を濃い色で、低い県を薄い色で表しています。支出が行われた都道府県のデータはユーザーの居住地に基づいているわけではありません。Zaimで読み取りの行われたレシートに記載されている、店舗の郵便番号から特定をしています。

これを見ると、青森県、福島県、富山県、三重県、佐賀県などが濃い色、東京都を筆頭に、神奈川県、大阪府、愛知県、福岡県などは薄い色となっています。年末年始の消費は都市部では少なくなる分、帰省先の地方で行われていることがデータでもハッキリとわかります。また、一口に「地方」と言っても、帰省で消費が盛り上がる県と、それほどでもない県が混在しているのも興味深いところです。

では、年末年始の手前のクリスマスに一番、消費が盛り上がるのはどの県でしょうか。クリスマス期間（2018年の12月23-24日）は365日平均に比べて全国的に支出金額が上昇していますが、その中でも上昇率が最も高いのが図51の左から5県でした。特に1位となった新潟県の支出金額は、365日平均の2倍近い額にのぼっています。

一番盛り上がっている県の背景を探ってみる

この背景には何があるのでしょうか。新潟博報堂のスタッフに意見を求めたところ、「家族思いな新潟県人の気質が影響しているのではないか?」という意外な回答を得ることができました。調べてみたところ、実は新潟県は日本で離婚率が最も低い県【★9】でした。スタッフいわく、特に家庭での食卓を大切にする風土があり、仕事のあと同僚と飲んでも食事は家でとる人も多いのだそうです。Zaim のデータにはスーパーなどのレシートをもとにしたデータが多く含まれているのですが、そこでこのような結果が出たということは、新潟県民はクリスマスにも家族で食卓のごちそうを囲む人が多い、という傾向として捉えられるのではないでしょうか。

ちなみに、実際の支出細目を見ると「チキン」の出現率が高かったので現地でよく食べられる料理を聞いてみると、どうやら新潟ではカレー味の「半身揚げ」が有名とのこと。外食でも家食でも、「半身揚げ」を食べることが多いそうです。ビッグデータの解析に定性のヒアリングを加えることで、データの背景や生活者像が見えてきたのは面白い発見でした。

寿司を最も消費している県にランクインした海なし県

クリスマス期間中の支出細目を分析する中で、さらに興味深いことに気づきました。クリスマスなので当然「ケーキ」が多く購入されているのですが、実は「お寿司」も全国的に高頻度で出現していたのです。

生活総研が実施している長期時系列調査の生活定点でも、「寿司」は「好きな料理ベスト3」ランキング【★10】で20年間にわたって1位をキープしていますが、代表的な和食なだけにクリスマスとは距離があるようにも思えます。

都道府県	「寿司」を含む品目の食費中の含有率
青森県	2.8%
高知県	2.7%
山梨県	2.6%
秋田県	2.4%
愛媛県	2.3%
全国平均	1.0%

図52　名称に「寿司」を含む品目の食費中の含有率ランキング
(Zaim調べ。集計期間は2018年12月23～24日。)

しかし、インテージが実施しているキッチンダイアリー調査では、「クリスマスイブ当日の食卓登場メニューランキング」【★11】で2014年～2016年の3年間に「にぎり寿司」の登場率が1・4倍に増えており、ハレの日の「お寿司」という食文化がクリスマスの食卓にも取り入れられつつあるようです。

そこで、Zaimの家計簿データでもクリスマス期間の「寿司」を含む品目の支出金額が食費に占める割合を都道府県別に分析してみました。最も高いのが青森県、次いで高知県、山梨県、秋田県、愛媛県となりました(図52参照)。

海に面していて海産物も豊富な青森県、高知県、秋田県、愛媛県の4県が上位なのは頷けますが、海に面していない山梨県が3位にランクインしているのは意外な結果です。しかしながら、実は山梨県は、海のない県ではあるものの、人口10万人あたりの寿司店舗数は日本一【★12】なんです。これも、家計簿データとマクロデータを相互に検証することで見えてきた発見の一つでした。

365日の消費動向から見えてくるもの

ここまで地点別での分析についてご紹介しましたが、Zaimデータでは365日を時系列に見た消費動向も分析が可能です。

分析したのは、Zaimユーザーの中でも2018年の1年間を通して一定回数の支出入力があったユーザーの家計簿データをもとにした、外れ値や異常値を取り除いた統計データです。

一般的に休日の支出は平日に比べて高いため、週ごと（7日間）の移動平均で365日での支出の動きを見ました。

図53を見ると、ゴールデンウィーク、お盆、年末年始と年に3回まとまった支出の山があることがわかります。

さらにZaimデータは幅広いカテゴリー別に365日の消費を俯瞰することが可能です。食費や日用品など支出カテゴリーごとでも年間の推移を見てみたところ、特徴的だったのは「交際費」と「美

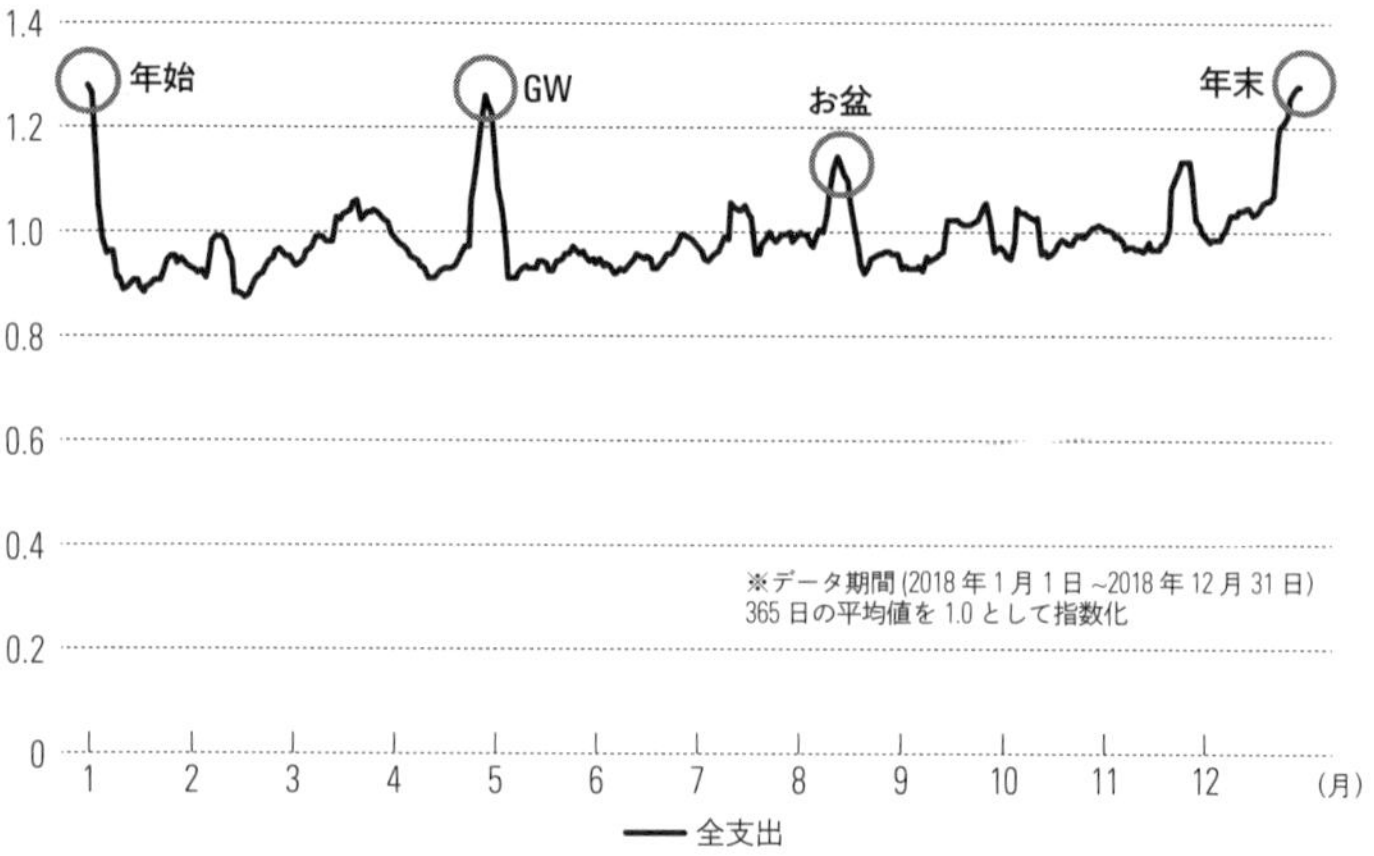

図53 2018年1日あたり全支出金額の推移
(Zaim調べ。365日の支出金額平均値を1.0として指数化した7日間移動平均値。)

容・衣服」のカテゴリーでした。

「交際費」に関しては、ＧＷとお盆、年末年始に支出の山があることは支出全体の傾向と共通していますが、特に年末にかけてものすごい勢いで上昇しています。忘年会シーズンの支出金額の大きさをデータでも改めて観測することができます（図54参照）。

一方で、「美容・衣服」は年末よりもその手前、11月の冬のセールや年始の初売り時期に支出金額が大きく跳ねる様子が見て取れます。一括りに年末年始の消費と言っても、その山はカテゴリーによってずれがあります。購買系のデータの中でも、家計簿サービスはレシートから手入力まで幅広い入力形式に対応しているため、多様なカテゴリーの消費を見ることが可能ですし、かつ多更新なため消費の波形の微妙なずれを詳細に可視化できるのです。

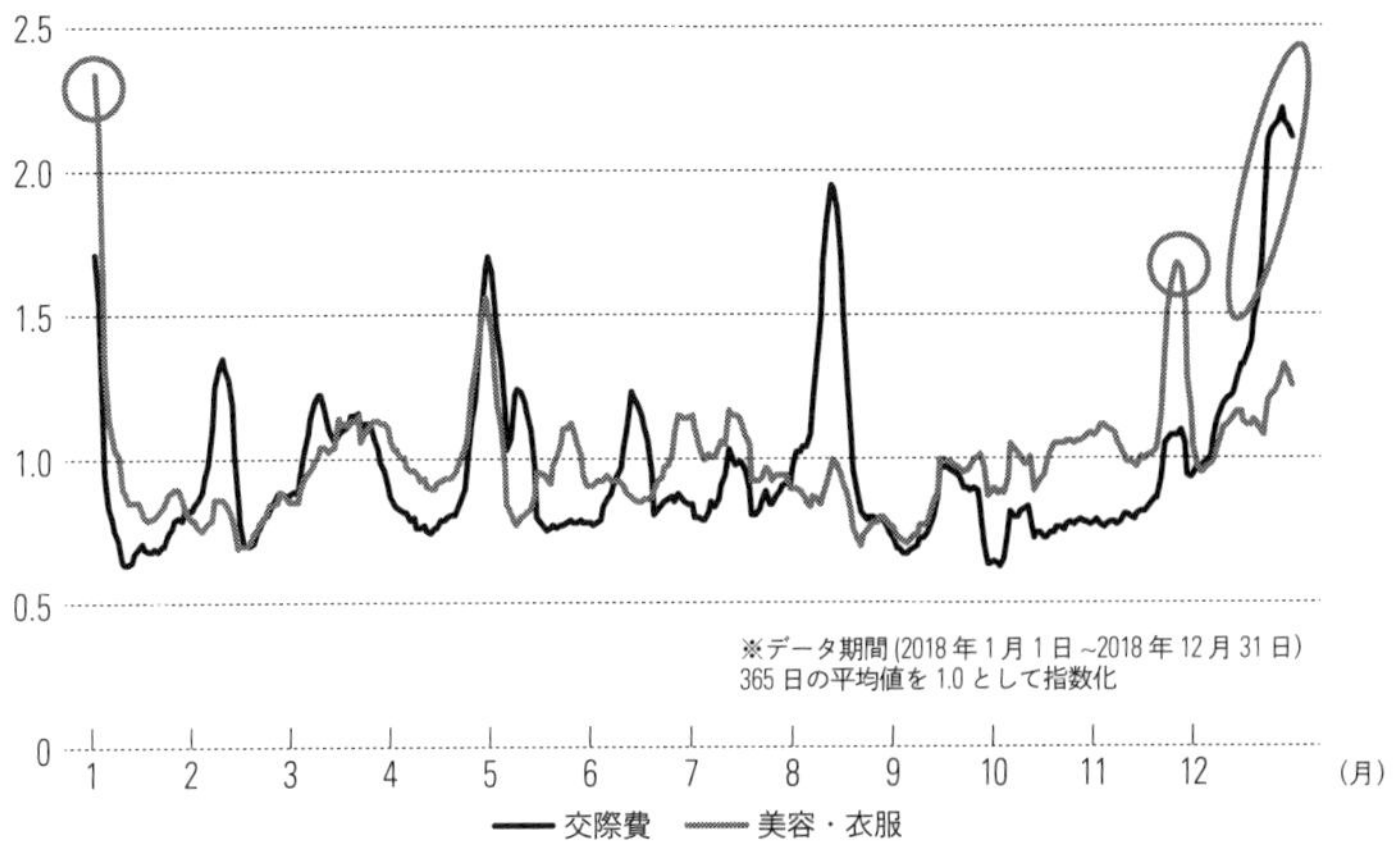

図54 2018年1日あたりの「交際費」「美容・衣服」の支出金額
(Zaim調べ。365日の支出金額平均値を1.0として指数化した7日間移動平均値。)

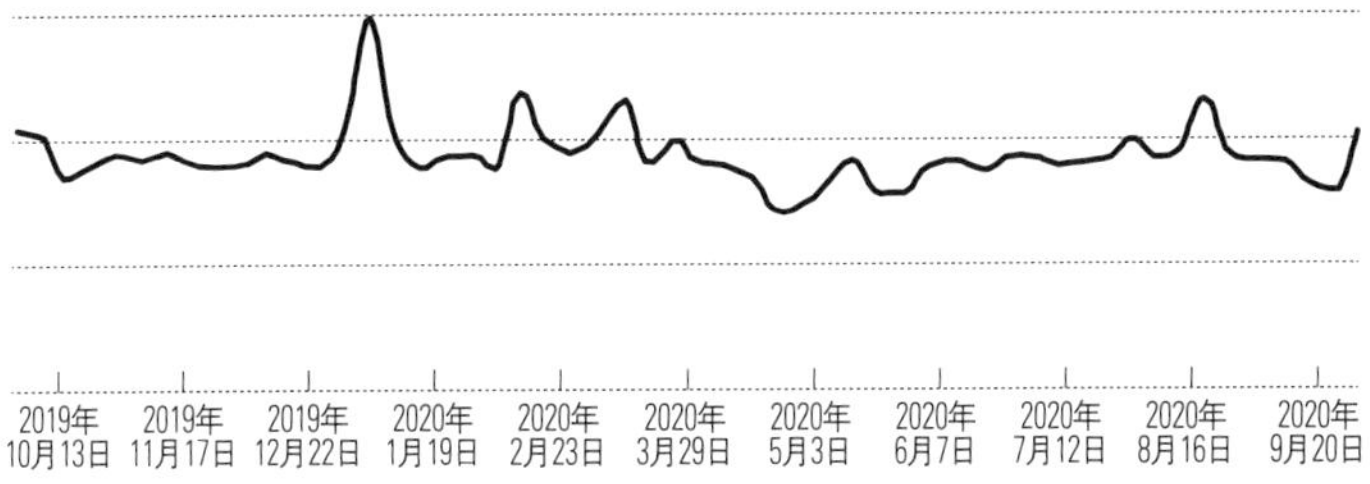

図55 『Zaimトレンド』「寿司」の人気度の動向

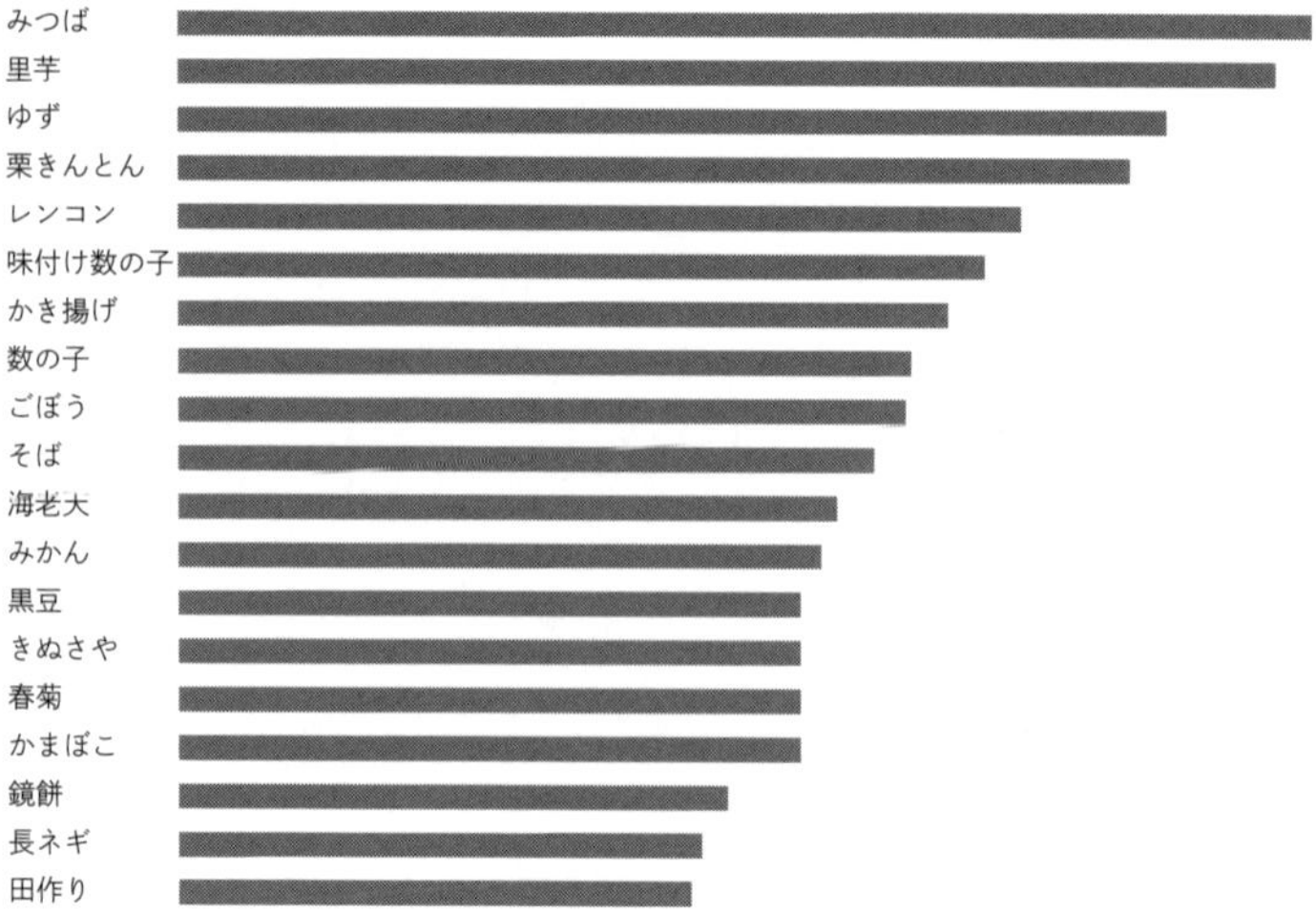

図56 『Zaimトレンド』「おせち」と一緒に買われるもの

「寿司」の年間での消費の波形は？

カテゴリー別の支出の波形を見てきましたが、Zaimのデータではさらに品目を絞った形でも消費の波形を見ることができます。Zaim社ではある品目や商品の1年間の支出の波形や、地域ごとの人気度、買う人の属性を「Zaimトレンド」無料版サービスで公開しているのです。たとえば、寿司の1年間の支出の波形【★13】を見てみましょう。

寿司の「人気度の動向」を見ると、やはり年末年始が支出のピークとなっています。2019年には年末年始以外にもGWやお盆などでも大きく人気度が上昇しており、日本人のハレと密接に関係している料理であることがうかがえました。ですが2020年は新型コロナウイルスの影響からか、ハレの行事にみんなで集まって寿司を食べる、というような機会が減ってしまったことがこの波形からもうかがえます（図55参照）。

なお、Zaimトレンドでは「おせち」についても公開されています。【★14】支出は12月末に集中していますが、「おせち」と「一緒に買われるもの」のデータも見てみましょう（図56参照）。内容に着目していただきたいのですが、おせちだけではなく様々なお正月の食材が同時に購入されています。おせちを購入するのは正月の料理を買って済ませたいというわけではなく、自作の料理に加えてお正月の食卓をさらに豪華に飾りたいという気持ちの表れと見ることもできそうです。

ちなみにZaimトレンドでは、人気度や一緒に買われるもの以外にも購買価格推移、地域（都道府県別）の人気度、買われる時間（平日/休日）、買う人の属性（性別年代や職業）、商品を買った人のお金への意識、趣味の傾向、健康意識も見ることができますので、気になる品目がありましたらぜひのぞいてみてください。

新しい毎月の消費ピーク

日別の分析ができることで、毎月の消費の盛り上がりについて新たな周期性が見つかることもあります。図57は日本経済新聞が全国のスーパー約460店の販売データを集計する日経POS（販売時点情報管理）2018年データを使い、給料支給日と年金支給日の店舗あたりの来店客数と販売金額を

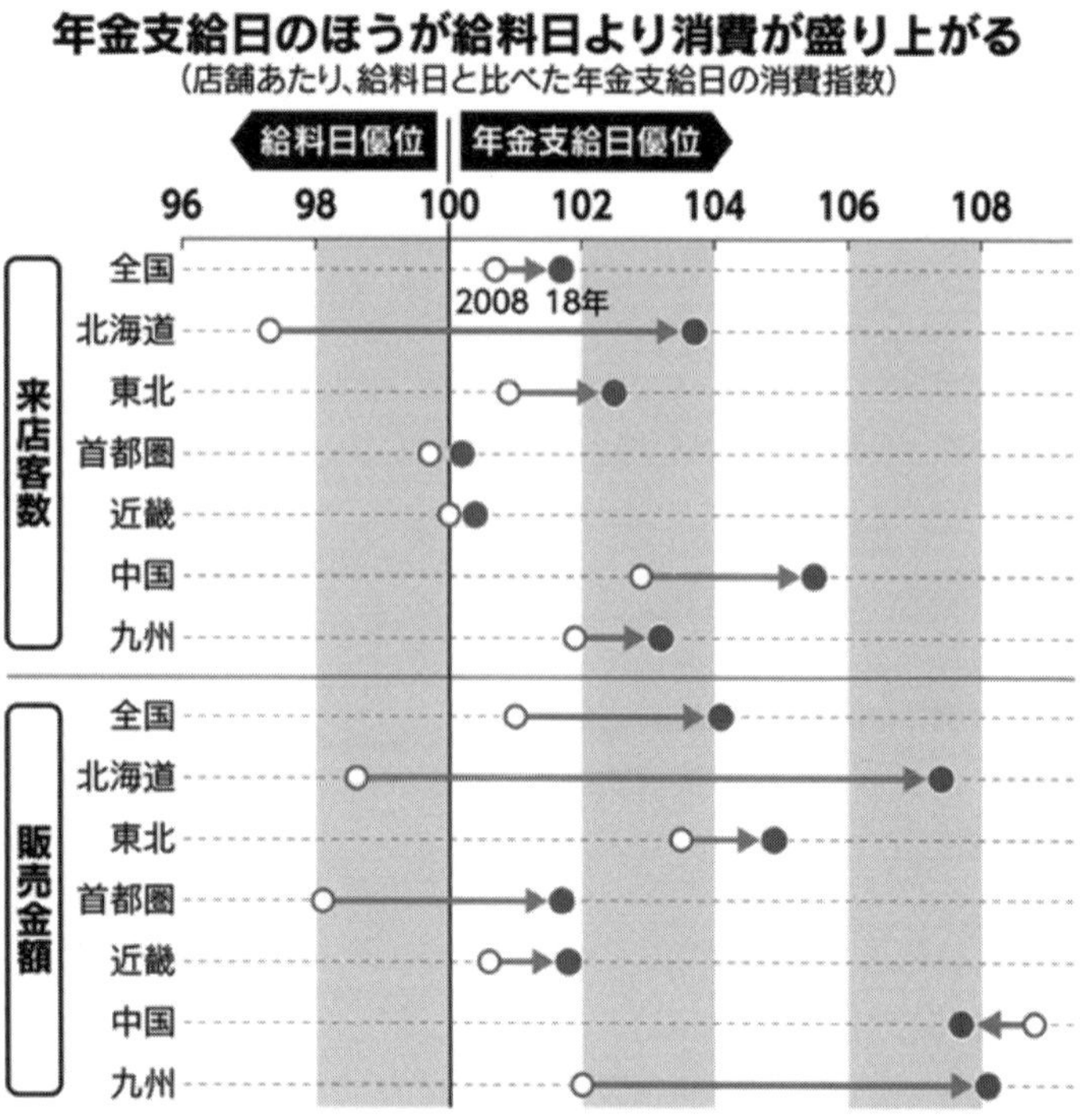

図 57 店舗あたり、給料日と比べた年金支給日の消費指数
(日本経済新聞、2019 年 10 月 20 日)

各地域ごとに分析したものです。[★15] 全国の10地域全てのスーパーで、年金支給日のほうが給料日より消費が盛り上がっている、という結果が突き止められました。

これまでは「給料日には売上が伸びる」というのが常識でしたが、もはや給料日ではなく年金支給日が新しい毎月の消費ピークとなっているのです。65歳以上の高齢者が総人口の28・4%を占める超高齢社会[★16]の日本の新しい実態をデータで示した分析です。

ちなみに、この分析を行った記者の方とお話をする機会があったので、どうしてこの分析を思いついたのか、きっかけを伺ってみました。実はある地域のコンビニチェーン経営者の方が自社の売上データを見て、「最近は年金支給日の方が売上が良い」と言われていたのだそうです。そのような現場の感覚がデータで検証され、全国に一般化できる構造の変化が可視化された好事例です。

ここまで見てきたように、多様で多更新なビッグデータによって、特定の場所、特定の日など、ピンポイントで解像度高く生活者の実態や行動を浮き彫りにすることができます。その結果、新潟県のクリスマスのように予想外の事実が見えてくることも、定性的にその背景を探ることで、隠れていた文化や変化の構造に気づくことができるのもまた、デジノグラフィ研究の面白いところです。

3-4 ― n＝1を継続的に追う

ここからは、多更新というビッグデータの特徴をまた別の視点で活用してみましょう。ビッグデータというと、3-1、3-2で触れたように分析対象のユーザーの数が膨大であることに目が行きがちですが、多更新であるということは、1人の対象者（n＝1）にフォーカスしてもその人のデータを何度も継続的に取れている、ということなのです。

通常の定量調査ですと調査タイミングでのサンプル聴取を都度行う形になるので、1人のユーザーを継続して追うことはなかなかできません。つまり、1人のユーザーを時系列でデータを追える、というのもビッグデータの非常に有用な特徴なのです。その事例をご紹介します。

50万人の中から、あえて1人を追ってみる

2020年の新型コロナウイルス感染拡大は、私たちの生活のあらゆる側面に影響を及ぼしました。生活者データの利活用という側面では、位置情報による外出の自粛率把握など生活者の行動ビッグデータをもとにした様々な報道がなされるようになったのも、今回生じた大きな変化でした。しかしながら、生活者を群として捉えたビッグデータ解析は多いものの、そのもとになっている一人ひとりの心の動きにフォーカスした解析はほとんど行われていません。

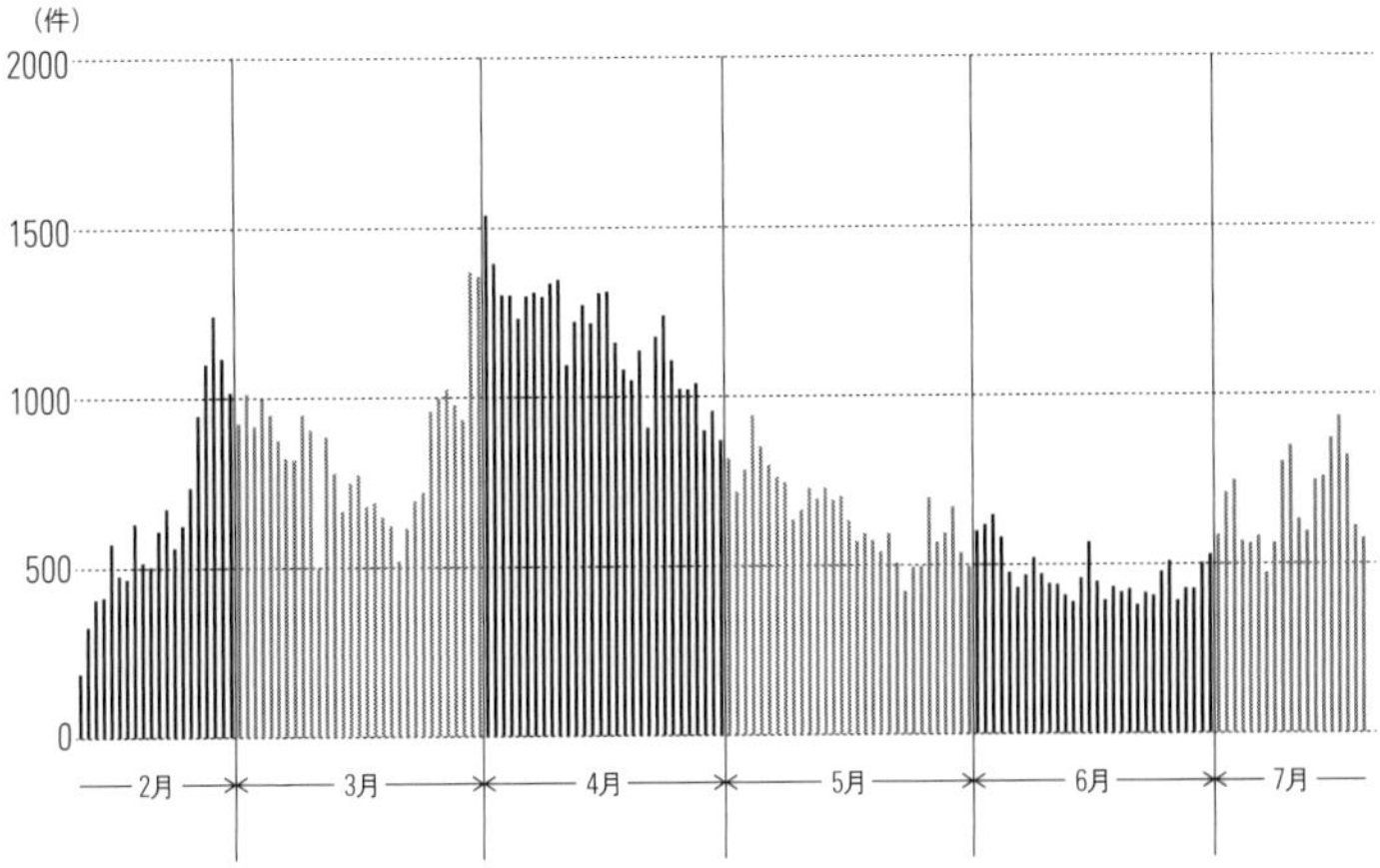

図 58 「新型コロナウイルス」関連の不満投稿数
(Insight Tech 調べ。女性からの投稿のみ集計。)

そこで、株式会社 Insight Tech が運営する「不満買取センター」ユーザー50万人の中から、コロナ禍以前／コロナ禍の中で継続的に投稿を続けていた39歳主婦にフォーカスしました。そして、コロナ禍の中で彼女の生活や心がどう変化していったのかを追う、いわばビッグデータをもとにしたドキュメンタリーづくりにトライしました。

浮かび上がる人となり

まず前提として、不満買取センターに寄せられた「新型コロナウイルス」関連の不満投稿数の日別推移を見てみましょう(図58)。投稿は2月上旬から徐々に増加し始め、4月1日をピークとして4月中は1000件を超える投稿のある日がほとんどでした。その後4月末から5月中の投稿数は1000件を割り、漸減傾向となっています。

その上で、コロナ禍以前から定期的に不満や意見を投稿している特定のユーザーに着目し、コロナ禍によってその人の生活がどう変化したのか、時系列で追ってみました。なお、「不満買取センター」ではユーザーの同意の下、買い取った投稿内容をこのような分析に活用しています。
今回フォーカスしたのは、首都圏在住でお子さんが1人いる39歳の専業主婦の方です。
コロナ禍以前の投稿からは、もともとの生活スタイルや人となりをうかがい知ることができます。たとえば以下のような投稿がありました。

2018.04.16
子どもが砂場でよく遊ぶので、公園のトイレや水道で使える携帯タイプのハンドソープが欲しい。スーパーなどにも寄るので、手を清潔にして帰りたい。

2018.11.12
テイクアウトにおしぼりを付けてくれないのが不満です。そのまま子どもとお出かけすることが多いので、道中でパンを食べる時に不便を感じます。

どうやら子どもと一緒に出かけることが多く、衛生面の意識も高い方のようです。過去の投稿からは他にも、近所のいつも使っていた店が閉店してしまって不便を感じていることなど、様々な人となりと生活像が見えてきました。

徐々に高まる危機感と、自分ごと化

では、コロナ禍に関連した投稿はどうでしょうか。国内でも感染者が現れ始め、大きなイベントの中止やテーマパークの休園が始まった2月中下旬から3月初旬にかけては、以下のような投稿がありました。

2020.02.22
コロナウイルスが心配だからと、園行事を休ませている親がいる。子どもがかわいそう。

2020.02.22
自分は大丈夫と豪語して遊び歩いていた夫が、いざ喉が痛くてだるくなり始めたら、コロナかな、どうしようかなと急に心配し始めている。

2020.03.04
開店前からドラッグストアに客が並んでティッシュを買っていた。店員さんが商品を店先に並べるのにすごく急かされてる感じで不憫だった。

この時点ではまだコロナウイルスに対する危機感は強くなかったようです。むしろ、「みんなうろたえ過ぎ」という感覚が投稿からも読み取れます。

しかし、3月2日に小中高の臨時休校が開始されると、この方の子どもの通っている幼稚園でも卒園式が中止になるなど、実生活にコロナ禍の影響が現れ始めます。

2020.03.16
大好きな先輩ママが卒園しちゃう。さみしい。コロナ騒ぎでちゃんとしたお別れもできない。

そして4月7日に7都府県への緊急事態宣言が発令され、外出自粛や学校の休校、企業の休業や在宅勤務が本格化していきました。4月中旬になるとかなり日常生活の影響が強まり、ストレスも溜まっていく様子が投稿からうかがえます。

2020.4.20
お茶パックとかコーヒーフィルターとか100均でいつも購入するようなものを自粛中のため買いに行けず不便。100均は遠くてバスに乗らないといけない。

2020.4.21
スーパーから小麦粉消えた。なんで。物流がおかしいのか、一部の消費者がおかしいのか。

2020.4.22

自粛生活中で、ゴミが増えた。自治体で有料ゴミ袋が指定されている実家はゴミ袋代が大変そう。

同時に、世の中や街の人への目もどんどん厳しくなっていきました。

2020.4.20
スーパーで袋詰めスペースの所でロール状のポリ袋をベタベタ触り遊ぶ女児がいた。子どもを連れてくるなら、いつも以上に目を光らせてほしい。

2020.4.21
高速道路のＧＷ割引検討とかゆるすぎる。むしろ倍額くらいに設けて不用意に使わせないようにしたらいい。

夫への不満も溜まっていく

4月下旬には、夫への不満投稿が増えてきます。

2020.4.27
料理に手を付けず、ステイホームの最中にテイクアウトの弁当を買いに行き、食べ始めた。もう何の料理も作りたくない。

2020.4.29

頼むから出歩かないで。テイクアウトで飲食店を応援したい気持ちはわかるけど、とにかく家にいて。

2020.5.6

息子が嘔吐すると風のようにいなくなる。何もしない。

世の中や街の人への目が厳しくなっていったのと時を同じくして、夫の危機意識に対する目も厳しくなっており、さらに、自分の作った料理を食べない、子どもの世話をしない夫にも不満が溜まっています。夫への不満は5月中旬過ぎまでしばらく続くのですが、内容が辛辣すぎるのでここでのご紹介は控えようと思います。

見え隠れする自粛生活の限界

ＧＷ後の投稿には、不満内容に変化が現れました。

2020.05.09

感染者数が50を下回るようになってきて、少し気が緩んでる人が増えているように思う。公園の人だ

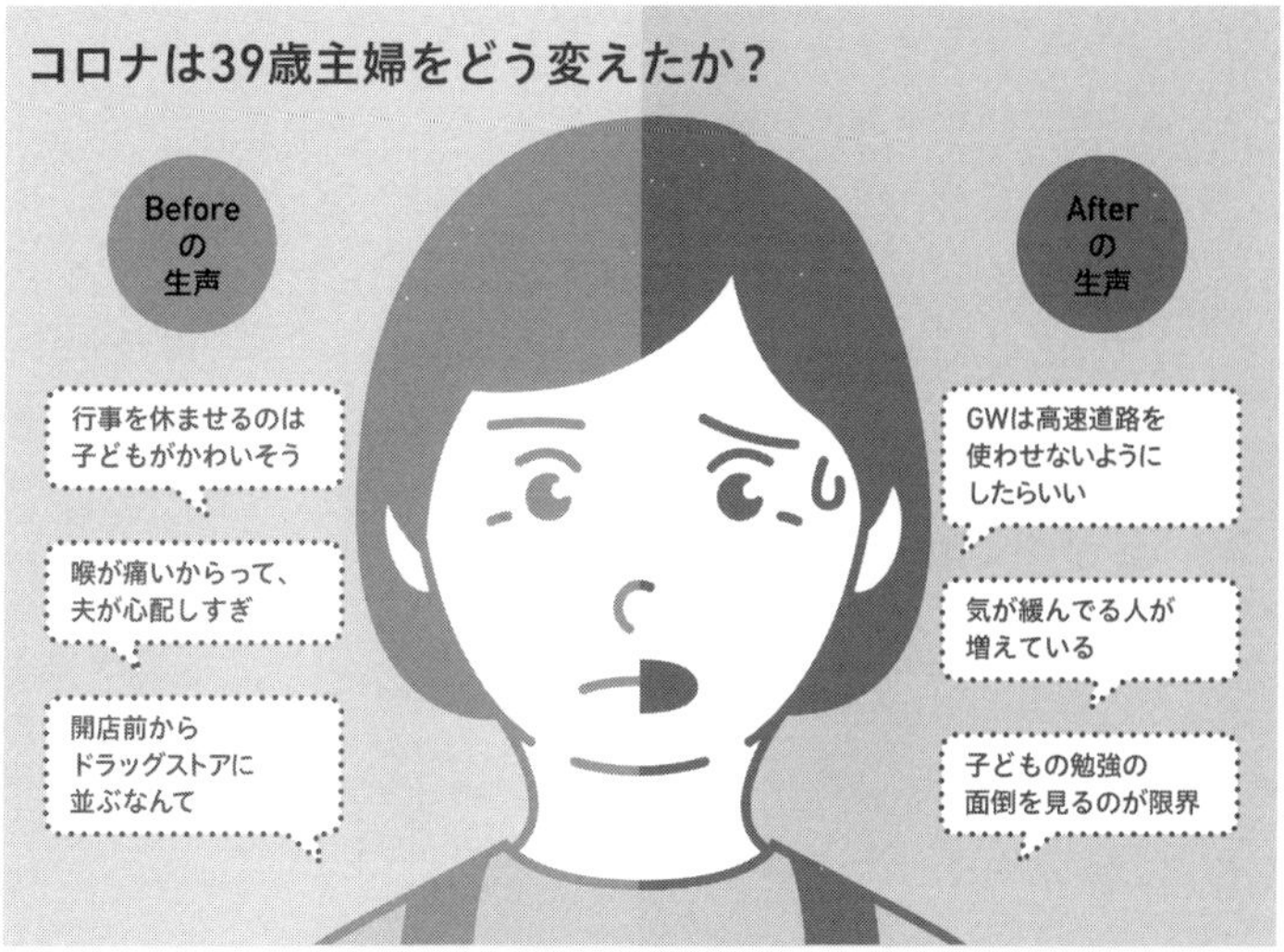

図59　コロナは39歳主婦をどう変えたか？（『不満買取センター』に寄せられた、東京都在住39歳専業主婦の緊急事態宣言前後の投稿。Beforeは2020年2～3月、Afterは2020年4～5月。）

かりが半端ない。

2020.05.09

子どもの勉強の面倒見るのが限界。間違いを気を遣いながら指摘しても、癇癪起こして手のつけようもない。先生が介入してくれている時は、こうはならなかったのに。母親にずっと勉強も遊びも相手してもらうのは、子どももストレスなんだと思う。

2020.5.10

（終売したお菓子の）スカイミントが大好きだった。もう一度販売してほしい。いろいろなことを我慢している今、昔大好きだったものを恋しく思う。

気持ちが緩んでる人が増えたと批判する一方でこの方も外出していそうなのですが、さすがにこの頃になると外出自粛生活の疲れが溜まっているのがわかります。GWまでは世の中や街の人、夫への不満投稿はありましたが、子どもに対するものは一切ありません。ここで初めて、自粛生活の長期化に伴う育児の難しさと葛藤するがゆえの不満が出てきました。一対一で向き合う時間が多くなることで、わが子といえども関係性が煮詰まってしまったところがあるのかもしれません。

また、興味深いのは、自粛生活疲れの中で願望として出てきたのが、昔好きだったお菓子の記憶だということです。他にもこんな投稿がありました。

2020.05.17
コロナ自粛中で、スイーツ店に行けない。スーパーの店頭に○○だけでも売りに来てほしい。いちごの陳列数がどんどん減っている。もうシーズン終わりなのかと思うと残念。

自粛生活を経て得た、個々の活力

自粛疲れの中での楽しみが、特定のお店でしか買えないお菓子や季節限定の果物、なんですね。5月25日の緊急事態宣言解除後の投稿はどうなっているのでしょう。

2020.5.25

ここまで休園が長引くと、幼稚園が再開するのが逆に億劫だ。
チョコレートの品ぞろえが悪く、美味しくない。美味しいチョコ置いてほしい。

2020.5.27

メロンソフト美味しくて大好きだけど、一個で300キロカロリー超えはダイエット中の身にはこたえる。コーンなしのメロンアイスだけバージョン作ってほしい。

自粛生活が長引く中で確立されていった生活パターンをリセットすることへの億劫さが表れています。その一方で、この方はお菓子好きな側面が見受けられ、自粛解除後にやっと普通に買い物に行って、好きなアイスクリームやお菓子を買うことで生活の中にささやかな楽しみを見出している姿が浮かび上がってきます。

購買データなどを見ても5月の緊急事態宣言後は徐々に消費が復活していきましたが、こうしてある1人の生活者の生声を一連の流れで見てみると、2月末から約3カ月にわたるコロナ禍による自粛生活を経て、生活者がそれぞれの生活の中でささやかな願望や楽しみを見出し、個々の活力を高めようとしていることがリアルにわかるのです。

自然に発せられた声を分析する価値

生活総研が実施している通常の定量調査でも回答として寄せられた生活者の生声を分析することはよくありますが、それはあくまでも1つの質問に対しての回答であり、生活者の意識の一面だけを集約したものです。この分析では1人の生活者の、誰に聞かれたでもなく自然に発せられた生《なま》の声を時系列で追うことで、人というのは後ろ向きな気持ちも前向きな気持ちも両方抱え、揺れ動きながら生きているのだ、ということに改めて気づかされました。

3-5 マイビッグデータの時代にできる新しいアンケート調査

これまでにご紹介した研究事例は、何らかのプラットフォームを運営するデータホルダーとの共同研究が主でした。しかし、データホルダーと協働したり、あるいはデータホルダーが提供しているデータ分析サービスを利用しなければビッグデータの分析ができないかと言えば、必ずしもそうではありません。ここでは、スマホの中に蓄積されていて、生活者一人ひとりが自身で確認できるビッグデータ、「マイビッグデータ」にアプローチした、新しいアンケート形式の定量調査事例をご紹介します。

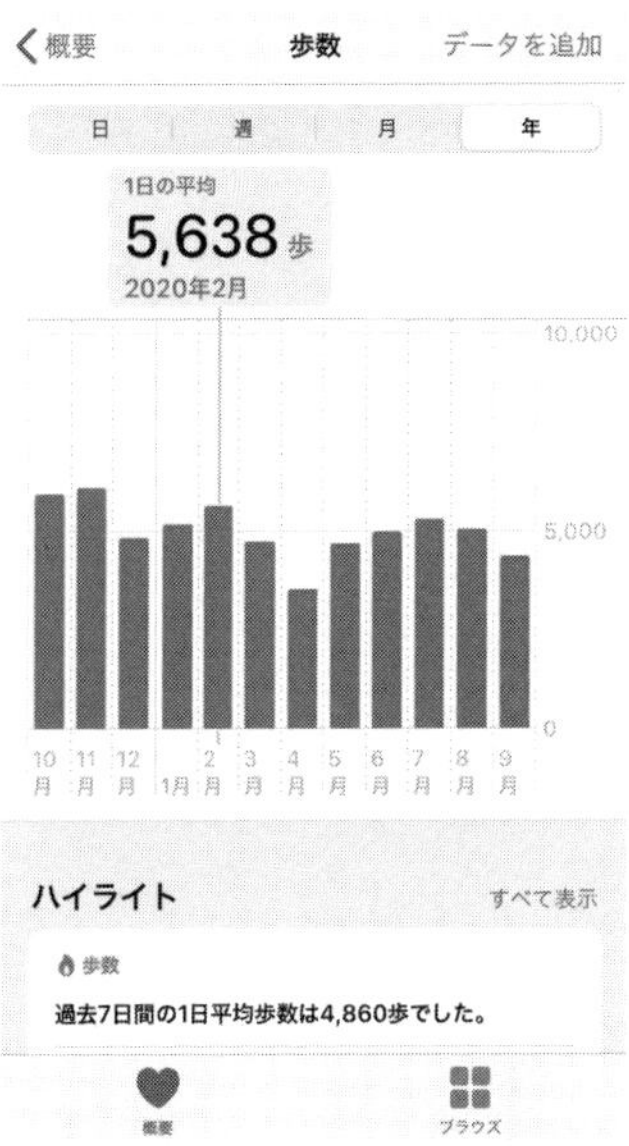

図60　iPhone『ヘルスケア』の歩数データ

たとえばiPhoneでは、自分が歩いた歩数や、アプリなどの閲覧時間、保存された写真によく登場する人物と人物毎の枚数などが、自動的に解析されていることをご存じでしょうか。解析の結果は、「写真」や「ヘルスケア」といったアプリ、あるいは「スクリーンタイム」機能で確認することができます。

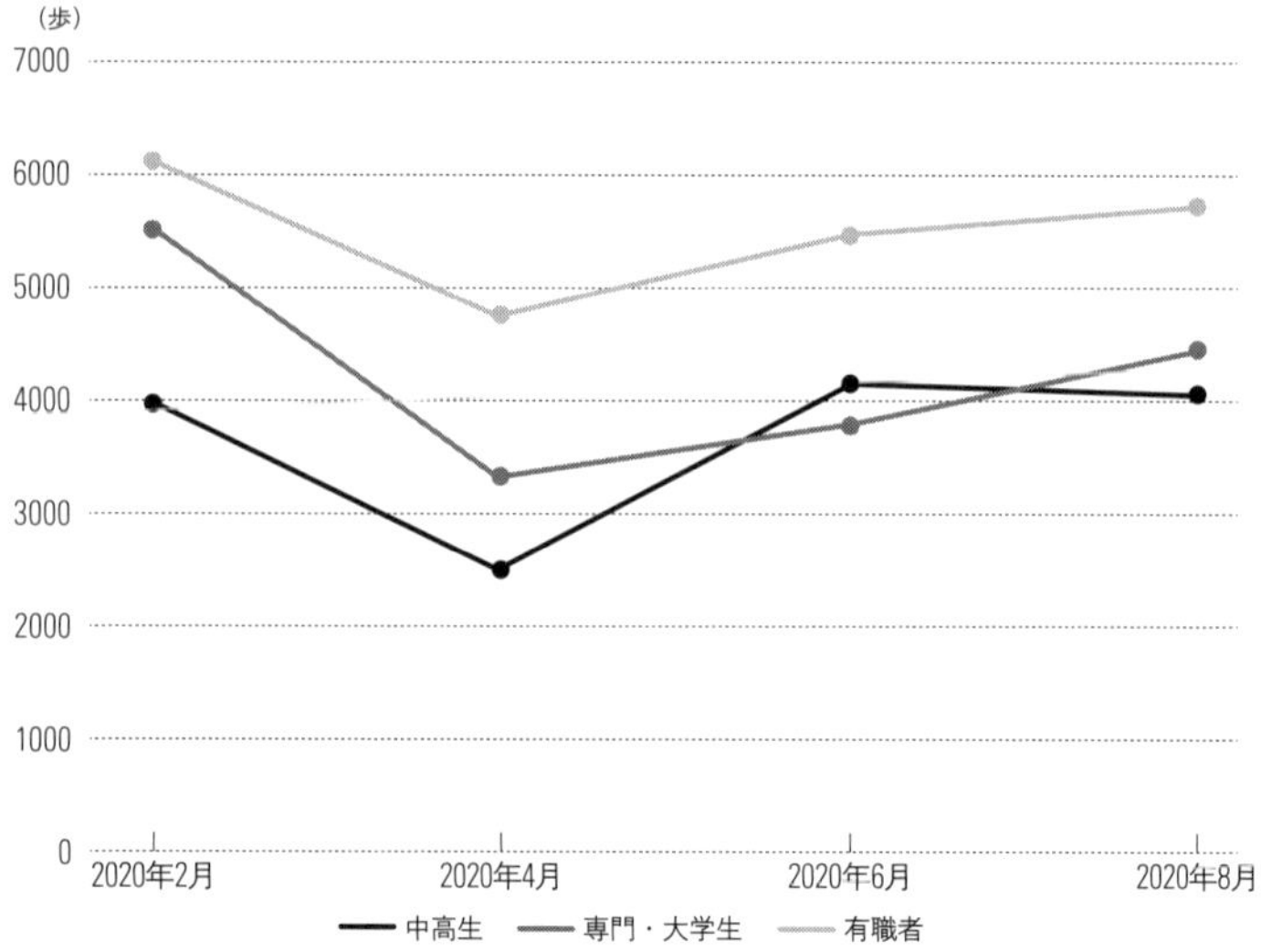

図61　『ヘルスケア』に記録された１日平均歩数
（博報堂生活総合研究所「スマートフォン・SNS内の保存データ調査」）

今や男女とも20代から60代の89・6%（「生活定点」2020年調査）がスマートフォンを持つ時代です。ということは、スマートフォンに格納された、これらの自分自身のビッグデータ、「マイビッグデータ」を定量調査の形で生活者に聴取し、集計・分析することが可能なのです。

コロナ禍で一番歩かなくなったのは誰？

私たちは「マイビッグデータ」から見える生活者の行動実態を探るべく、15〜34歳のiPhoneユーザー2080人（1歳あたり男女104人）を対象に2020年9月にWebアンケート調査を実施しました。iPhoneではユーザーが「ヘルスケア」アプリの設定を済ませている場合、歩数が自動的に計測されています。「ヘルスケア」アプリを立ち上げれば、過去にさかのぼり、日／週／月／年単位で時系列の歩数変化を確認することが可能なのです（図60）。

この調査ではコロナ禍が発生する前の2020年2月から、緊急事態宣言を経て徐々に日常生活が戻りつつあった2020年8月までの隔月における1日平均歩数を聴取し、中高生、専門・大学生、有職者の3つの区分に分けて集計をしました（図61）。

まずわかるのは、少なくともiPhoneが計測した歩数は有職者がどの期間でも一番多く、次いで専門・大学生。中高生が一番少ない、という事実です。ただし、たとえば中高生は部活動でスポーツをやっている時はスマホをかばんの中にしまっているなど計測されていない歩数も多いと考えられます。他の年代でもスマホを肌身離さず携帯しているわけではない人も含まれるので、絶対値としての歩数は実態を正確に表していない可能性があります。しかしその条件は2月から8月まで変わらないため、各区分での推移の波形はある程度信じてもよさそうです。

2020年2月と緊急事態宣言による自粛要請下の4月とを比べると、どの区分においても4月の平均歩数が2月よりも大幅に少なくなっています。ただ、その後の回復の仕方が区分によって異なっています。

中高生は専門・大学生、有職者よりも早く6月には2月と同じ水準に戻っているのに対し、専門・大学生、有職者においては、8月時点でも2月と同じ水準には戻っていません。特に専門・大学生においての2月の平均歩数との差異が最も大きいことがわかります。これは、6月に学校が再開し登校が

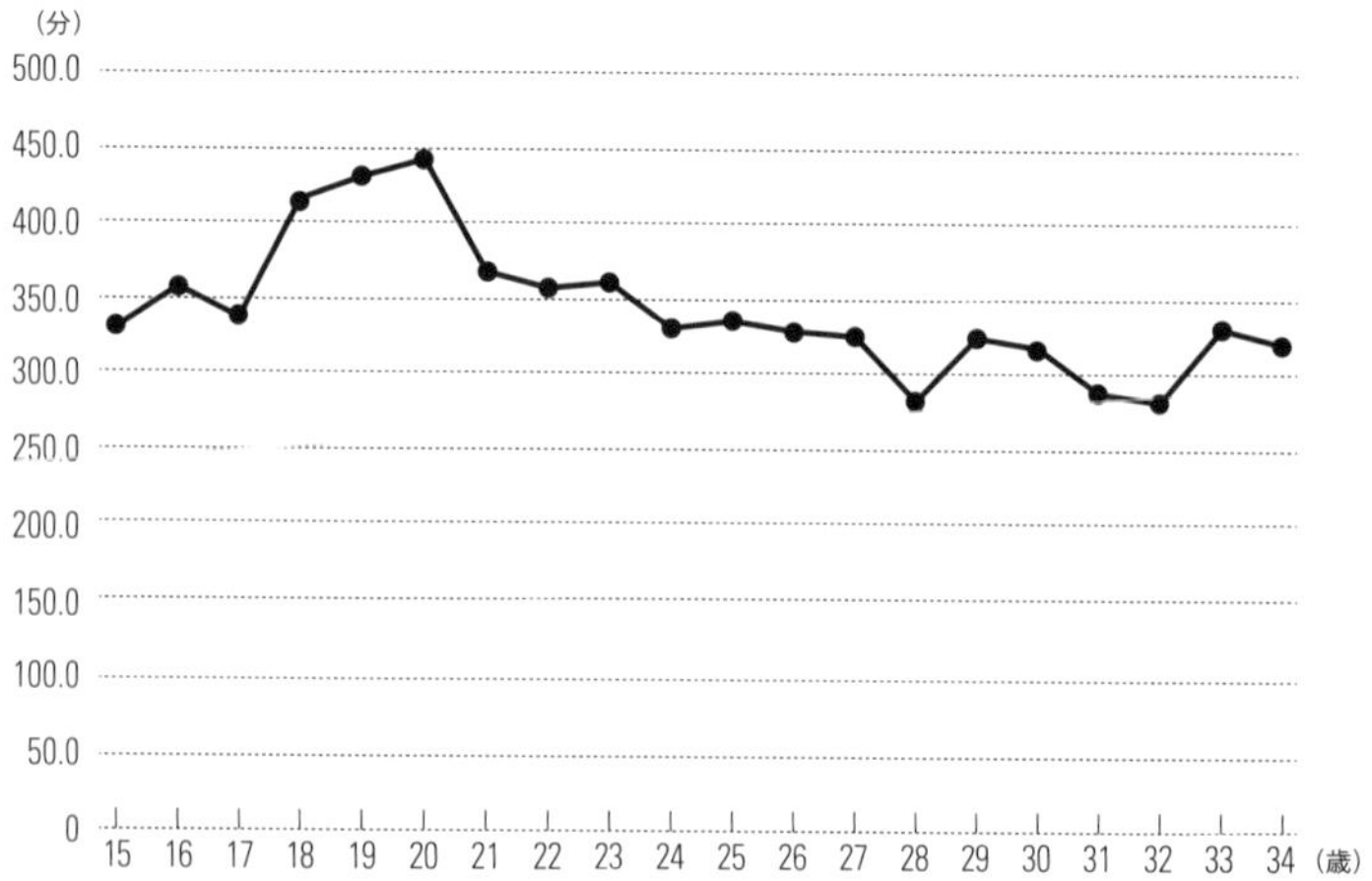

図 62　『スクリーンタイム』に記録された 1 日平均利用時間
(博報堂生活総合研究所「スマートフォン・SNS 内の保存データ調査」)

開始され生活が元に戻った中高生と、6月以降もオンライン中心の学校生活が続いた専門・大学生、テレワーク中心の仕事から会社へ出勤しての仕事に戻りつつあった有職者、といったコロナ禍での生活の戻り具合の差が、まさにデータとなって現れたと言えるでしょう。

Instagram と Twitter、どちらを使う分数が長い？

iPhone で確認できるマイビッグデータは、歩数だけではありません。「スクリーンタイム」という機能を使っている方もいるのではないでしょうか。使い過ぎを防ぐためにアプリなどの使用時間を確認したり、アプリの使用時間を制限することができる機能です。

この調査では、スクリーンタイム機能に表示される1日の平均利用時間を聴取し、年齢1歳

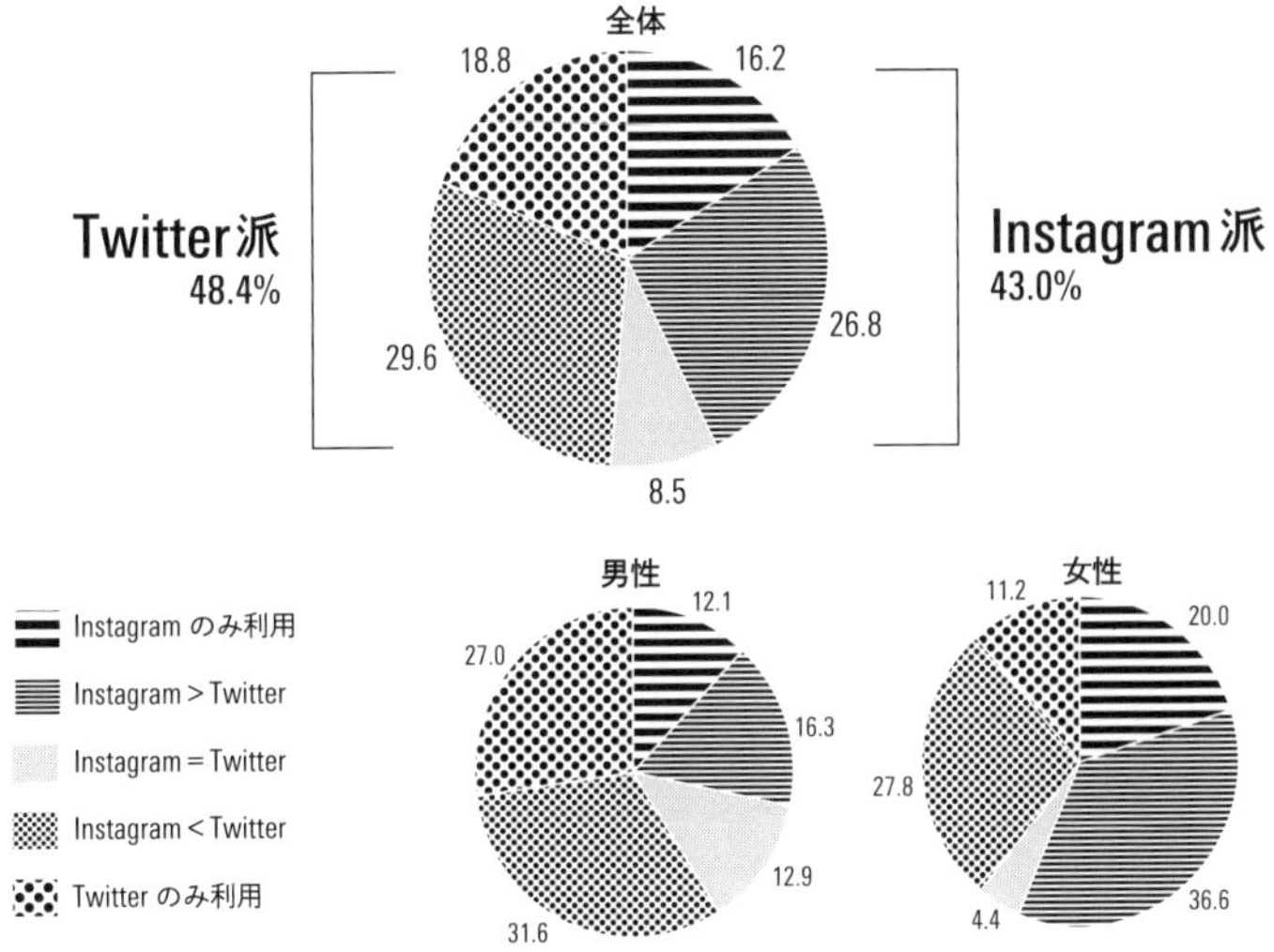

図 63 『スクリーンタイム』上の利用分数による Twitter 派、Instagram 派の構成
（博報堂生活総合研究所「スマートフォン・SNS 内の保存データ調査」）

刻みで結果を見てみました（図62）。15〜17歳では331分〜358分だったのが、18〜20歳には417〜443分に増えますが、21歳以降は284分〜369分、と20歳を境に利用時間が漸減していく傾向がみられます。18歳になると専門・大学に入って高校生の頃より自由な時間が増えるからか、スマホを見ている時間も17歳以下に比べて60分以上長くなるのですが、それも20歳まで。ゼミや就職活動などが忙しくなる21歳以上になると、社会人よりやや長い程度の水準になるというのは面白い発見でした。

　スクリーンタイムはSNSのアプリ別にも1日の平均利用時間を見ることができます。InstagramとTwitterのスクリーンタイムを聴取し、どちらが長いかに

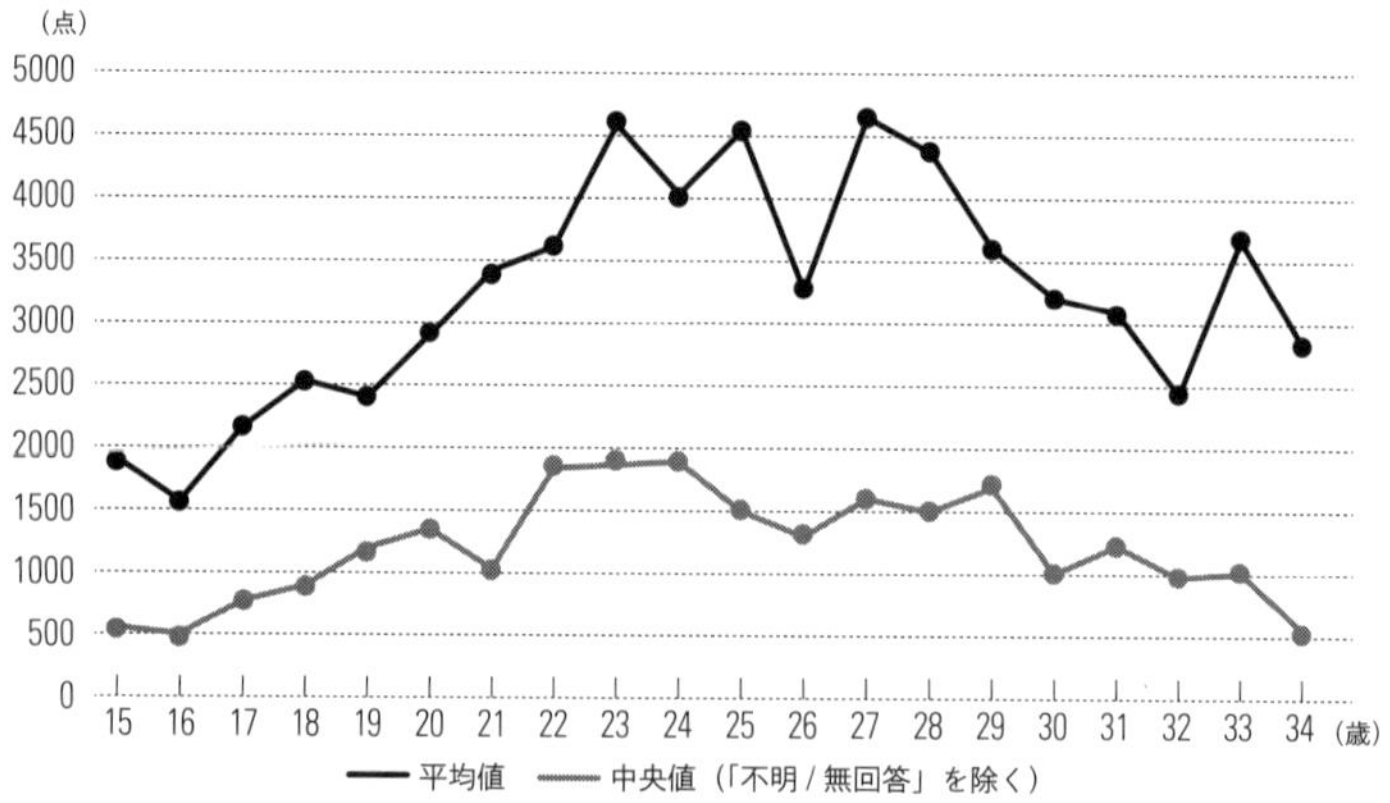

図 64　『写真』に保存された写真・動画総数
（博報堂生活総合研究所「スマートフォン・SNS 内の保存データ調査」）

よって Instagram 派と Twitter 派に対象者を分類したデータを見てみましょう。

全体では、Instagram 派と Twitter 派は互角でしたが、男女別に結果を見ると違いが出ました（図 63）。まず、男性は Twitter 派が Instagram 派の 2 倍以上（Twitter 派 58・6%、Instagram 派 28・4%）で、30〜34 歳では約 3 人に 1 人がそもそも Twitter しか利用していませんでした。逆に女性は Instragram 派が 56・6% と過半を占めたのですが、年齢が上がるにつれて Twitter 派が増えていく傾向が見られました。

また全体の傾向として、どちらか片方のアプリしか使用していない人は 20 代前半では 25・5% ほどなのに対し、30 代前半では 44・3% にのぼりました。それだけ年齢が上がるほど使うアプリが絞られてくることがうかがえます。

10 代は〝自撮り〟より〝推し（おし）撮り〟

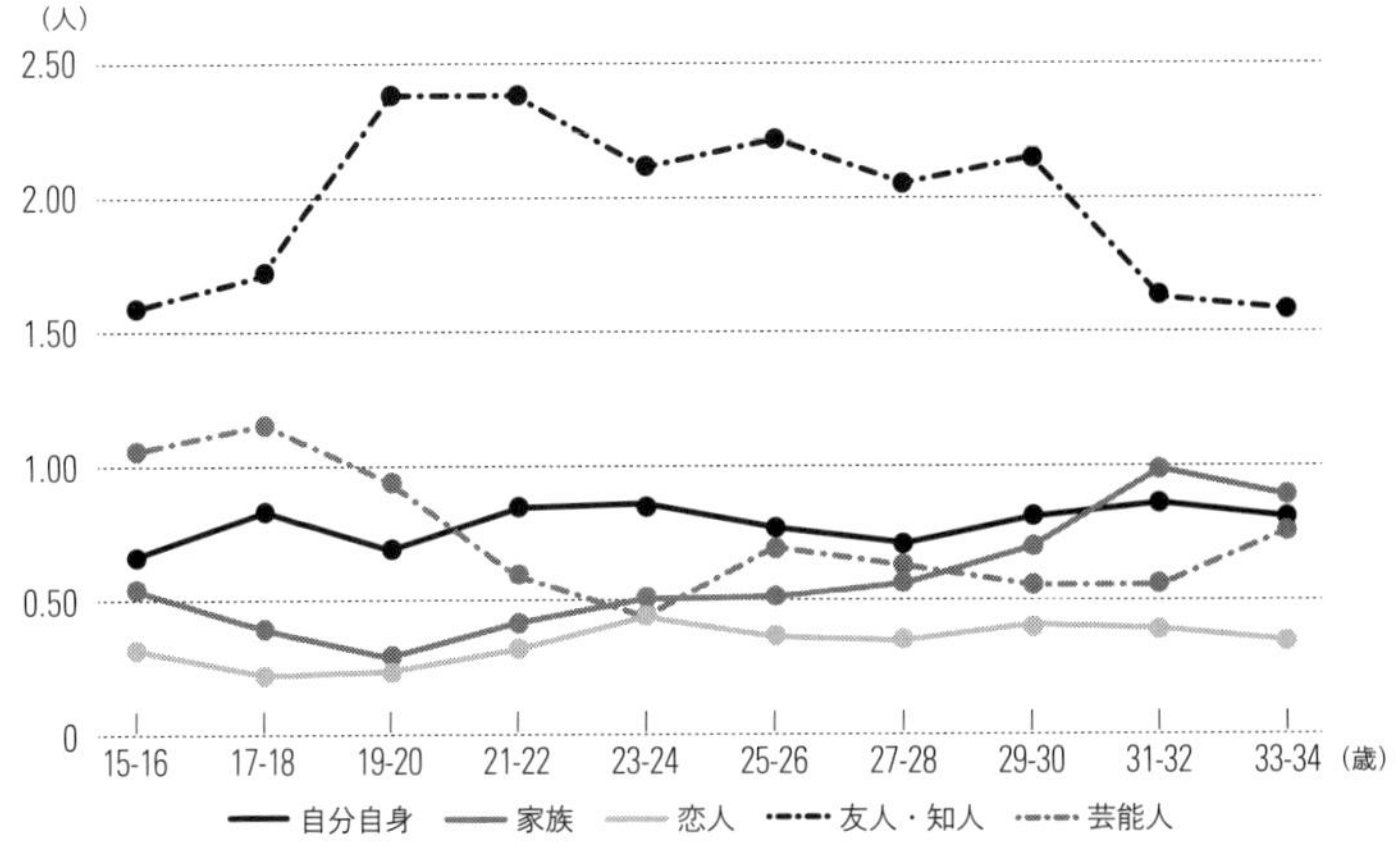

図 65　『ピープル』1 〜 5 人目の属性ごとの人数
（博報堂生活総合研究所「スマートフォン・SNS 内の保存データ調査」）

iPhoneの「写真」アプリでは、撮りためた写真・動画の総数はもちろん、よく登場する人物や撮影地、被写体など、様々な切り口での画像の解析結果を確認することができます。そもそも、生活者はどのぐらいの写真や動画を撮り、保存しているものなのでしょうか。写真・動画総数に関して聴取したところ、このような結果が出てきました（図64）。なお、このデータは平均値だけでなく、中央値（点数の少ない順に回答者を並べた時にちょうど真ん中の順位になった人が回答した枚数）を集計しています。写真・動画総数は人によってばらつきが大きく、平均値では極端に多い人に値が引っ張られてしまうからです。そのため中央値でも集計し、図示することにしました。

　平均値、中央値にはどの年齢でもかなり点数の差がありますが、波形の傾向を見てみると共に20

代の写真・動画総数は10代後半、30代前半に比べ多くなる傾向があるようです。中央値で見ると10代後半では徐々に増えていき、22歳から24歳でピークを迎えた後も20代は一定の水準をキープ。一方で30歳以降になると徐々に下降していきます。

また、iPhoneでは、よく写真・動画に登場する人物を特定し、紐付け表示をしてくれるピープルという機能があります。そこで1人目から5人目までのピープルに表示されるのが、自分なのか、友人なのか、恋人なのか、属性を聴取しました。5人目までに出現した人数を属性別に、2歳年齢刻みで集計した結果が図65です。

いずれの年齢においても友人・知人が最も多く出現するのは予想通りですが、詳しく見てみると興味深い点が浮かび上がります。

まず、20歳以下では、自分自身や家族よりも芸能人の方が「ピープル」に多く出現しているのです。昨今好きなアイドルなどの芸能人を応援する活動、〝推し活《お》〟が若者の中で一般化していることも関係しているのでしょう。自分にとって〝推し〟の芸能人がいるということは、今や若者にとってのアイデンティティとして機能している面があります。私たちはSNSのプロフィール画像に関しても聴取したのですが、15～19歳ではTwitterやInstagram、LINEなど、どのSNSでも1割以上の人がプロフィール画像を芸能人にしていたのです。TikTokに至っては芸能人が自分自身を超えて一番多いプロフィール画像でした。10代の若者にとって、SNSにおける「自分の顔」つまりアイデンティティとなるのが〝推し〟の芸能人であることがデータに現れています。

一方で20歳を過ぎると、芸能人は出現しなくなっていき、代わりに出現する友人・知人の人数が増加します。そして、30代になると、友人・知人が減少し、家族が浮上してきます。アイデンティティを表すのが10代では自分が推している芸能人だとすると、20代は友人・知人のネットワーク、30代は結婚や出産で増えた新しい家族、というふうに変わっていく、ということかもしれません。

ちなみに、恋人（彼氏／彼女）は、どの年齢でも総じて出現人数が少なく推移しています。23〜24歳では肉薄しているものの、スマホに保存された写真・動画点数において、どうも恋人が芸能人に勝つことは望み薄のようです。

このように、データホルダーとの協働が難しい場合でも、スマートフォンに格納された生活者自身のビッグデータ「マイビッグデータ」を活用すれば、アンケート形式の定量調査で直接聴取し、分析することが可能となります。

たとえば、健康食品に関するアンケートをする際にヘルスケアアプリの歩数データを合わせて聴取しておくことで、実際の行動で判別した健康的な暮らしの度合いを分析に活かす、という活用の仕方もできるのです。あるいは、生活者のメディア接触状況を知りたい時に、アプリのヘビーユーザーかライトユーザーかをスクリーンタイムのアプリの使用時間をもとに判別する、といった使い方もできるでしょう。

3-6 億単位の生声がもたらすもの

2億の生声から、〝人並み〟意識を解き明かす

3章の最後に、これまでの事例よりさらに膨大な量のデータを解析した事例をご紹介します。それがヤフー株式会社との共同研究で行ったQ&Aサイト「Yahoo! 知恵袋」の分析です。

「Yahoo! 知恵袋」には過去15年間でなんと約2億件の質問が蓄積されていました（2018年12月当時）。しかもQ&Aサイトに投稿される質問は、SNS投稿やブログ記事などと異なり、個々の内容がばらばらで無秩序なわけではありません。ほとんどが「わからないこと、人に意見を求めたいことを説明し、相手に問いかける形の文章」になっているので、言い回しなどの文章表現に共通性が高いのです。

また Twitter などSNSでの投稿の場合は、一つの投稿だけではどういう文脈で言われた発言なのかわからない場合も多くあります。一方で、Q&Aサイトの質問文は人に説明するために書かれた文章のため、最初から終わりまで背景にある事情を含めて読み解きに必要な情報がきちんと入っています。

2億件もの総量があり、それぞれの投稿がある程度共通した文章形式を持っていて、かつ1つに

フォーカスしてもきちんと文脈の読み解きが可能なビッグデータです。こんなものは他になかなかありません。どんな分析をしようか？と思いを巡らして、質問文中の特定の言い回しを鍵に、今の生活者の人並み、横並び意識の実態を調べることにしました。

具体的に調べたのは、「皆さんは」というワードが文中に入っている質問がどこにどのくらいあるか。つまり、「皆さんはどうしていますか？」「皆さんはどう思いますか？」というような訊き方をされている質問の分布です。このような訊き方は、自分の決断に自信が持てず、他の人であればどうするか、どうしているかを判断の拠り所にしようとしている場合に発せられます。通常、このような個別の言い回しはあまりにも出現率が低いためきちんとした分析はしにくいのですが、2億件ものデータ量があれば、それも可能だろうと考えたのです。

ちょうど、個の時代とも言われる現代における人並み意識、「みんなこうやってるから…」「みんなこう言ってるから…」という際の〝みんな〟とは一体誰のことなのか？という非常に難しいテーマの研究【★17】に取り組んでいた時でした。それをビッグデータで、デジノグラフィで可視化してやろうと考えたのです。

〝みんな〟のことが気になるのはどの分野？

実際に分析を行うと、いくら質問形式に文書が統一されているとはいえ、ピンポイントで「皆さん

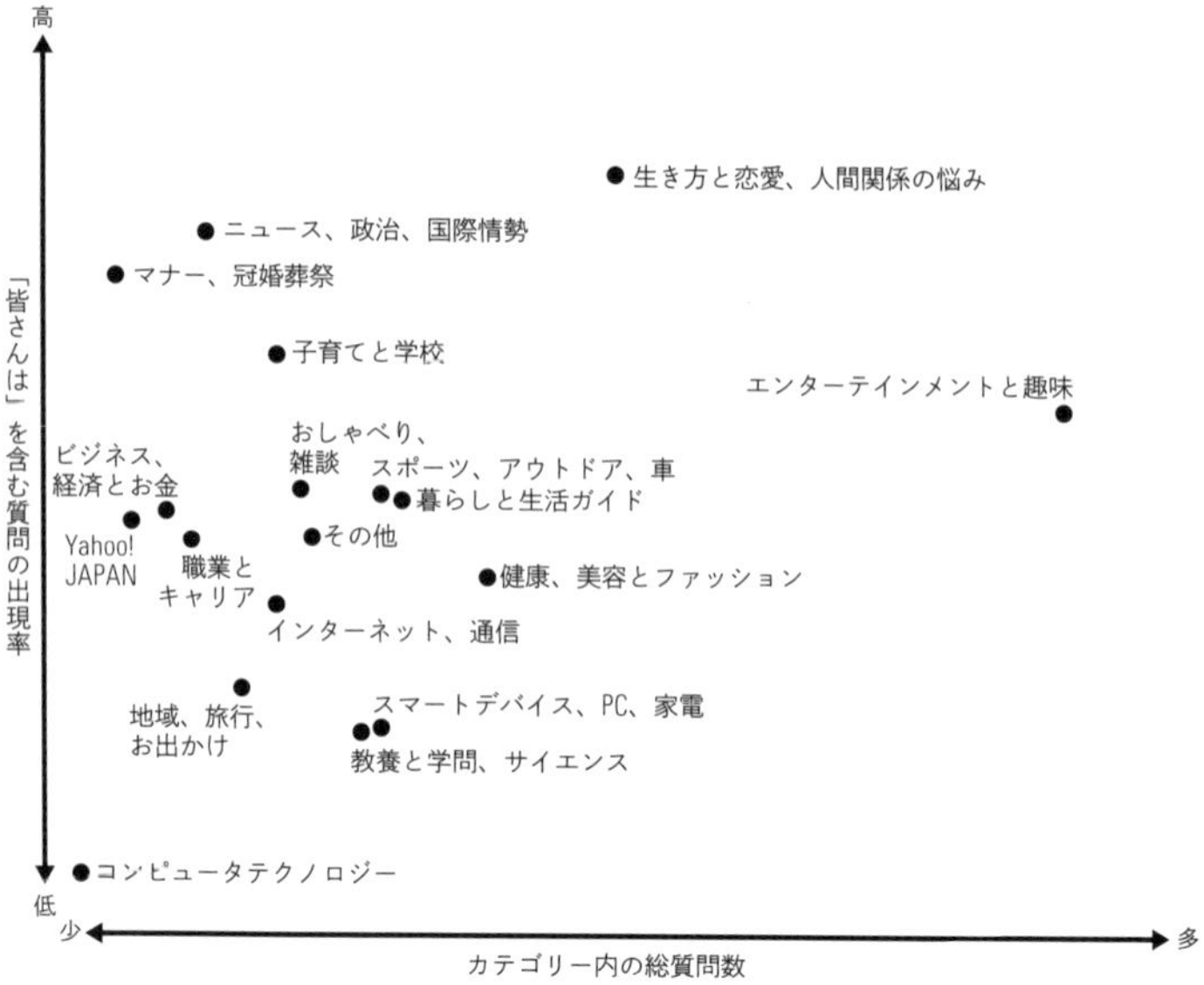

図66 『Yahoo! 知恵袋』第一階層カテゴリーにおける「皆さんは」の出現率と質問数
（「皆さんは」を文中に部分一致で含む質問を抽出し、出現率を算出。）

は」という言い回しを含む質問の出現率は、全体のおよそ1・25%しかありませんでした。しかし、分析の対象は2億件です。1%ちょっとだとしても、約250万件。十分、分析に足るボリュームが確保できます。

「Yahoo! 知恵袋」のサイト上で設定されている質問カテゴリーごとに「皆さんは」を含む質問の出現率を算出し、縦軸に出現率、横軸にそのカテゴリー内の総質問数を置いたのが図66のグラフです。

「皆さんは」の出現率が高いカテゴリーの中でも「生き方と恋愛、人間関係の悩み」は質問総数も多く、最も〝みんな〟のことが気になる領域と言ってよさそうです。その中の細かいカテゴリー区分を見てみたところ、シニアライフや一人暮らし、それに職場や友人、家族との人間関係についてのカテゴリーで特に出現率が高いことがわかりました。

職場や友人、家族についてはご想像のつく通り、様々な人間模様やトラブルについて「皆さんはどう思う？」と訊くものでしたが、意外と多かったのがシニアライフや一人暮らしについての質問です。一体どんな人並み意識があるのか？と思って見てみると、「退職してから毎日暇なのですが、皆さんは忙しいですか？」などといった質問がされていました。どうもいくつになっても、自分の人生が人と比べて充実しているのかどうかは気になってしまうことのようです。

その他、〝みんな〟の意見が聞きたくなる「ニュース、政治、国際情勢」や、〝みんな〟がどうしているか気になる「マナー、冠婚葬祭」、あるいは「子育てと学校」といったテーマでも「皆さんは」の出現率が高いというのはうなずける結果です。

一方で、「教養と学問、サイエンス」、「スマートデバイス、PC、家電」など、専門性が高く、事実として明確な答えのあるカテゴリーでは、「皆さんは」という問いかけの出現率は低くなっています。

こうして見てみると、〝みんな〟のことが気になる、人並みを探りたくなる分野というのは、多くの人が体験したり直面しているテーマである一方、明確な答えがなくWeb検索してもなかなか判断がつきにくい分野、と捉えることができます。

人の意見が一番気になるギャンブルは競艇

大きなカテゴリー区分ではそこまで「皆さんは」の出現率が高くなかったカテゴリーについても、細かい区分で出現率を見ると、たとえば「貯金」や「家計、節約」あるいは「ギャンブル」といったお金に関するカテゴリーで、「皆さんは」と多く問いかけられていることがわかりました。

貯金や家計回りでは、具体的には「皆さんは、毎月どのくらい貯金してますか?」などといった質問がされています。人間関係や生き方もそうですが、匿名性の高いQ&Aサイトの方が身近な人には打ち明けにくい相談ができたり、回答としても建前や見栄を外した嘘のない意見が集まるのでは、という期待もありそうです。

生き方や人間関係、お金、それに子育てといった分野は販売部数が多い書籍分野でもありますし、やはり答えがはっきりしていないからこそ参考にできる準拠先が欲しい、ということなのでしょう。

お金回りで「ギャンブル」が出てきたのは予想外でしたが、考えてみれば確かに〝みんな〟がレースをどう予測しているのか、といったことは気になりそうです。

試しにさらに細かくカテゴリーを見てみると、競馬、競輪などの公営競技やパチンコなどの中で、ボートレース(競艇)が一番、「皆さんは」の出現率が高く、それだけ人並みの探り合いが行われていることがわかったのです。

〝様々なジャンルを経験した末に、ギャンブラーが最終的に辿り着くのは競艇〟なんていう風に言われたりもしますが、他の公営競技に比べて1つのレースの出走数が少ない、スタート位置による有利不利が大きい、といった特徴が、どういう賭け方をするかみんなの意見を参考にしたくなる素地になっているのかもしれません。

欲しいのは正解じゃなく、自分への賛同

続いて「皆さんは」というワードが入っている質問には、他にどのようなワードが入っているのか、いわゆる〝共起語〟を見てみます。

共起語として最も頻出していたのは「自分」です。最も細かいカテゴリーの区分で見ると、約500カテゴリー中486カテゴリーで共起されており、ほぼ全ての質問分野において「皆さんは」とセットで使われています。

特に、ビジネスや経済、お金、家計、貯金、ギャンブル、耐震、ダイエットについてのカテゴリーでは頻出しており、「自分はこうなんだけど、皆さんはどうですか?」といった比較をしたい文脈で使われやすいことが想定されます。

他にも、内容、最後、通り、未来といったワードも共起語に挙げられます。「未来」というのは少し特徴的な言葉ですが、

順位	ワード
1	自分
2	内容
3	最後
4	通り
5	未来

図67 「皆さんは」の共起語ランキング
(「皆さんは」を含む質問文中の頻出ワードを解析。)

たとえば耐震というカテゴリーで頻出しています。未来に起こるであろう地震に対しての意見を求めているのでしょう。

また、カテゴリーごとに共起語を見ても発見があり、マナーのカテゴリーでの共起語では、「電車」というワードが上位にランクインしています。確かに、社内飲食や電話、話し声など他の人のマナー意識が特に気になるトピックです。このように一緒に使われている言葉ひとつとっても、生活者の行動予測やモチベーションの変化などを推し量ることができるのです。

分析メンバーからは、「ある人の常識が他人の非常識になってきている状況も背景にあるのではないか。常識が分かれてしまっているからこそ、自分はこう思うけど、みんなはどう思うか…という質問が生まれるのでは」という意見もありました。

さらに深読みをすると、「自分はこう思うけど」ということに対して色々な意見が集まる中で、「私もそう思います」と言ってくれる人を探しているような節も見受けられます。実際にベストアンサーに選ばれるのは自分の意見に賛同してくれたり、あるいは補強してくれる人の意見である場合が多いのです。実は正解が欲しいわけではなく、皆さんはどう思うか、と聞きつつも自分の意見への賛同を集めて自信をつけたい。「自分」が共起語で1位になることにはそんな背景もありそうです。

日本に「うれしい」おじさんが増えている

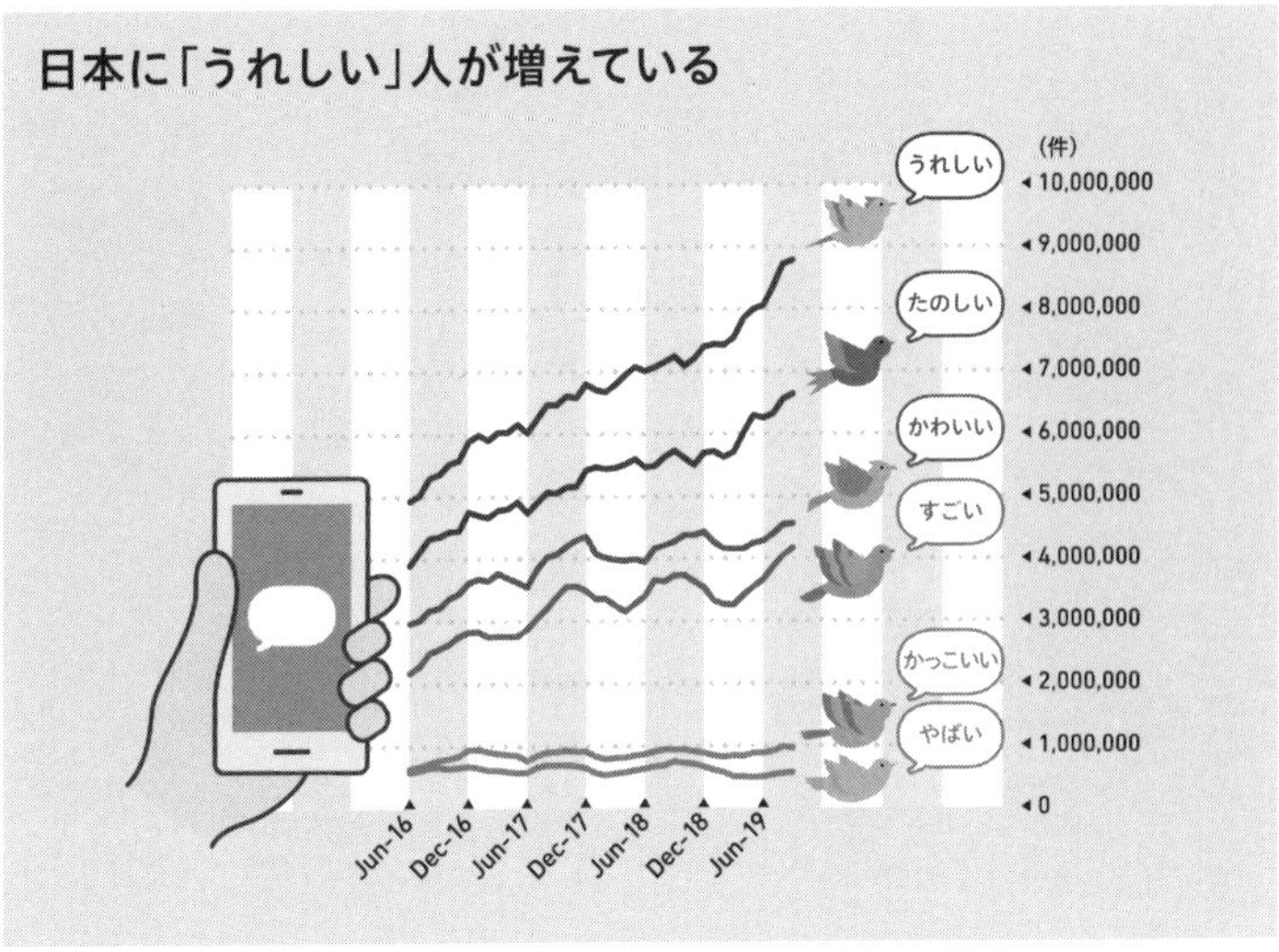

図 68　日本に「うれしい」人が増えている（『Twitter』に投稿された各形容詞を含むツイート数（リツイートを含む）の6ヶ月移動平均値による推移。集計期間は2016年1月〜2019年9月。）

このような大量の生声を年単位で分析することで見えてくるものもあります。角川アスキー総合研究所との共同研究では、ツイートに含まれる「うれしい」や「たのしい」といった形容詞に着目しました。形容詞を含むツイートの量の変化を見ることで、Twitterの中で日本人の感情が経年でどのように変遷しているのかを探る試みです。

「うれしい、たのしい、かわいい、すごい、やばい、かっこいい」という6つの形容詞が含まれるツイートは、2016年1月から2019年9月までに約9・3億件ありました。その推移が図68です。Twitter全体のユーザーの伸びの影響もあり、どの形容詞も軒並み増加傾向にありますが、中でも「うれしい」はツイート量が一貫して最も多く、かつ3年間で約1・8倍と、「すごい」の約1・9倍に次ぐ増加率となっていました。

さらに、「うれしい」というツイートをしたアカウント数を性年代別に見ると、特に男性30代、40代の伸びが大きく、3年間でそれぞれ約1・9倍、2・0倍になっていることがわかりました。「うれしい」とツイートしているアカウント数が最も多いのは女性20代なのですが、3年間でそれほど増加していません。19年6月時点では男性30代はそれまで2番手だった女性30代を追い抜き、女性20代に次ぐ数となっています。少なくともTwitter上では、20代の若い女性の次に毎日〝うれしがっている〟のは、30代の男性なのです。ちなみに、男性40代も3年間で7番手から4番手に浮上しており、日本のTwitterにはおじさんの喜びの声があふれる状況になっています。おじさんは面と向かって「うれしい」と口にしないイメージがありますが、Twitter上では案外、気軽につぶやくことが増えているようです。

★1　一般財団法人厚生労働統計協会「標本調査の誤差と誤差情報の見方」
http://www.hws-kyokai.or.jp/information/perspective.html

★2　博報堂生活総合研究所 消費1万人調査
https://seikatsusoken.jp/shohi2019/10k-research/

★3　データベースの構造に組み込むのが難しいデータで、テキストや画像、音声、ログなどがこれにあたる。ビッグデータの大部分を占めると言われている。

★4　ビッグデータの特徴については平成25年版の総務省情報通信白書の解説がわかりやすい。
https://www.soumu.go.jp/johotsusintokei/whitepaper/ja/h25/html/nc113350.html
https://www.soumu.go.jp/johotsusintokei/whitepaper/ja/h25/html/nc113110.html

★5　平成27年国勢調査の実施状況
https://www.stat.go.jp/training/2kenkyu/pdf/gakkai/jinko/2016/takano.pdf

★6　https://skynetandebert.com/2015/04/22/music-was-better-back-then-when-do-we-stop-keeping-up-with-popular-music/

★7　厚生労働省 人口動態調査
https://www.mhlw.go.jp/toukei/list/81-1b.html

★8 Zaim社から生活総研に提供されたデータは個人情報に紐付かないデータ形式となっている。

★9 新潟県の離婚率1・29％　人口動態調査 人口動態統計 2017 都道府県別にみた年次別離婚率
https://www.e-stat.go.jp/dbview?sid=0003214871

★10 博報堂生活総合研究所「生活定点」調査「好きな料理ベスト3」ランキング
https://seikatsusoken.jp/teiten/ranking/376.html

★11 「Intage 知る Gallery」2017年12月公開記事より
キッチンダイアリー調査概要：インテージ社の提供する生活者1260世帯の食卓パネル（世帯調査）京浜、京阪神、東海エリアの2人以上世帯の主婦、家庭内の食事について365日情報収集
https://www.intage.co.jp/gallery/christmas2017/

★12 総務省統計局経済センサスと2010年国勢調査を基に、各都道府県のすし店舗数を算出

★13 Zaim トレンド無料版「寿司」
https://trends.zaim.net/product/10

★14 Zaim トレンド無料版「おせち」
https://trends.zaim.net/product/8

★15 日本経済新聞 2019年10月20日「決戦は年金支給日　スーパー客数・販売額、給料日超え」
https://r.nikkei.com/article/DGXMZO51150910Y9A011C1SHA000?disablepcview=&s=6

★16 総務省統計局 統計トピックス No.121 統計からみた我が国の高齢者
https://www.stat.go.jp/data/topics/topi1211.html

★17 博報堂生活総合研究所 みらい博2019「#みんなって誰だ」
https://seikatsusoken.jp/miraihaku2019/

4章

今日からはじめる
デジノグラフィ 10の技法

2章、3章ではデジノグラフィの具体的な研究事例についてご紹介してきました。4章ではそれらの事例を援用しつつ、実際にデジノグラフィによるビッグデータ解析を進めるために私たち生活総研が編み出した10の技法をご紹介します。

1章でもその一部をご紹介しましたが、最近では検索データや位置情報、購買データ、アプリ使用データ、SNS投稿のテキストデータや画像など、プラットフォーム上に蓄積された様々な生活者のビッグデータを解析できるサービスが、無償のものも含めてかなり出揃ってきています。また自社に蓄積されているビッグデータについても、Web行動ログ分析や、テキスト・画像分析、あるいはビジュアル化など様々なツールがあり、中には無償で利用できるものもあります。有償のものであっても以前は購入費用としてまとまったコストが必要でしたが、安価な月額で初期費用を抑えて利用を開始できるものが増えてきました。

そういう意味では、ビッグデータ解析のハードルは以前に比べて格段に低くなり、民主化されてきたと言えますが、肝心なのは解析に向かうあなたがどんな着想を持っているかです。要は「何を、どんな観点で調べるか?」がないと、容易にビッグデータの海に溺れてしまい、途方に暮れることになるのです。

では、どんな技法を武器として持った上で、ビッグデータの大海に漕ぎ出すべきなのか?この章ではそれを解説します。

4-1 ビッグデータをフィールドワークする

ビッグデータを観察する

2章、3章で見てきたように、デジノグラフィではいわゆる仮説検証型のデータ分析というよりは、あたかも街で行うフィールドワークのようにビッグデータを徹底的に〝観察〟することで、当初予期していなかったようなインサイトを発掘するパターンが多くあります。

生活総研の従来の研究手法では、10年、20年というレンジで生活者の変化を検出できるロングデータ（長期時系列調査）から変化が起こっているポイントを捉え、その視座を基に家庭訪問調査などの定性調査で十分に生活者の生の暮らしや声を観察し、深掘りする、というのが定番のやり方でした。そして、そこで発見された様々なインサイトに着想を得て「時代の価値観が〜〜の方向にシフトしているのではないか」、「10代、20代の生活者を中心に、〜〜のニーズが今後増加していくのではないか」などといった仮説を設定、それを定量調査で量的に検証し、アウトプットを精緻化していたのです。

ビッグデータは、この【兆しの発見】、【事象の深掘り】、【仮説の検証】という3つのフェーズのそれぞれに活用することが可能ですが、特にデジノグラフィは【兆しの発見】および【事象の深掘り】

生活者研究のプロセスとデジノグラフィの位置づけ

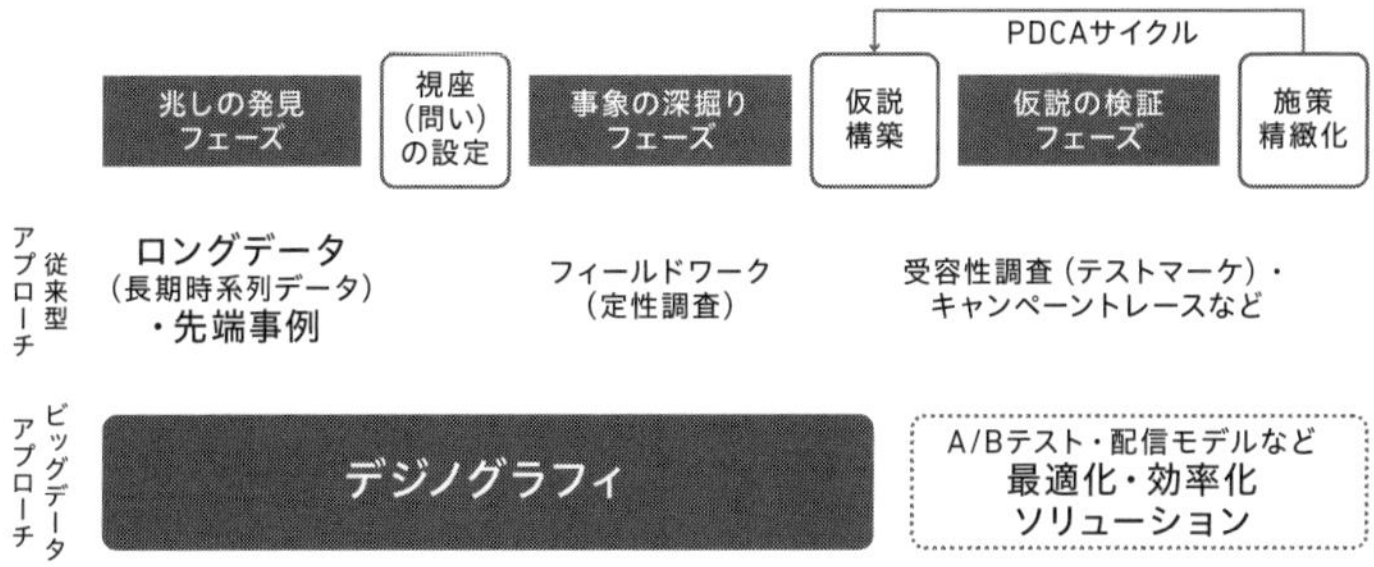

の部分でビッグデータを活用しようというアプローチだということができます。2章の冒頭でも触れたように、デジタル空間上のビッグデータには生活者の実際の行動データや生声が蓄積されています。そこには、生活者自身が忘れてしまったり、そもそも意識すらしていなかったこと、誰かに面と向かっては言えないような心の内も、包み隠さず存在しています。これを徹底的に観察することで、これまでにないインサイトが発見できるからです。

しかし1章でも触れた通り、現在のマーケティングにおけるビッグデータ活用は最適化、効率化の領域に偏重しているところがあります。これは、3つのプロセスで言えば、最後の【仮説の検証】に偏重している、と言い換えることもできるでしょう。

仮説検証の限界

仮説検証は、いわば「正解」を見つけるためのデータ活用です。典型的なのはA／Bテストでしょう。Web広告業務に携わっている方はご経験があるかと思いますが、たとえばWeb上に

2種類の集客用バナーを用意して、それをサイト訪問者にランダムに提示します。それぞれのバナーが表示された人々がどのような行動を取ったか（バナーをクリックしたか、その後購入まで至ったかなど）を集計すれば、どちらのバナーがより効果的かを突き止めることができます。バナーに含まれる画像やキャッチコピー、色のトーンが3パターンずつあれば、27通りのバリエーションができあがります。それらを全て同じように実際のサイト上にランダムに表示させてその結果のデータを追えば、集客に対して最適な、つまり「正解」のバナーが明らかになる、というわけです。

このような「正解」を探し当てる仮説検証型の分析は、A／Bテスト以外にも様々な施策で取り入れられています。最も効率的なメディア出稿の設計や、最も視聴者を集めそうなコンテンツの企画という形もあれば、個々のユーザーのそれまでのクリックの傾向からその人が最も読みたいであろう記事を表示させる、といったことまで、その用途は様々です。

これらのビッグデータによる仮説検証型の分析アプローチは、投資・施策に対する効果を最大化するためには非常に有効に機能しています。このような検証を高速で行っていけるのも、データ量が膨大で、かつリアルタイムに更新されていくビッグデータならではの価値であることは間違いありません。

一方で、検証すべき仮説そのものの幅はどうでしょうか。もちろん仮説検証を繰り返していけば、実行する施策の精度はより高くなっていきます。しかし、このやり方は特定の範囲の中で効果を最大化するポイントにフォーカスするためのもので、従来の枠を大きく打ち破った考え方や発想をもたらすものではありません。これを繰り返していくと、いつか必ず効果が頭打ちになる時がやってきます。仮説そのものを新しく生み出し、可能性を広げる、デジノグラフィ型のアプローチが必要になるのです。

問いとしてのデータ

仮説検証型の分析で得られるのが「正解」を示すデータだとすれば、デジノグラフィによって得られるものは仮説につながるインサイトや、あるいはさらにその前の視座を示すデータです。視座というのは、たとえば「47歳が髪質の変わり目だとすれば、その壁を超えてロングヘアをキープしている人はどんなケアをしているのか？」といった、インサイトをさらに深掘りする起点となる「問い」と言い換えることもできるでしょう。

フィールドワークでは、交差点を行き交う人や、モールで買い物をする人の様子をつぶさに観察するからこそ、思いもしなかった発見があります。しかし、ただぼーっと人を眺めているだけではよほど特徴的な人が通りかからない限りはおそらく何も思い浮かばないでしょう。観察には、何らかの視点が必要で、それはデジノグラフィでビッグデータを観察する際も同様です。何も視点を設定せずに、データを眺めているだけではおそらく膨大なデータの海に溺れてしまいます。

フィールドワークでショッピングモールの買い物客を観察するとしたら、どんな視点がありうるでしょう。たとえば、正門の前に腰かけてモールから出てくる人の持ち物を見てみる、という方法があります。何人連れの、どういう年代の人が、どのくらいの大きさの買い物袋を持っているか、あるいは手ぶらなのかを見ることで、そのモールが買い物をするために利用されているのか、レジャーや暇つぶし目的で利用されているのか察することができます。

一方で、ビッグデータを観察する場合は、そこにあるのはデータだけで人の姿が見えるわけではありません。そのため独特のコツが必要になります。どういう視点でビッグデータを観察すると新しい発見を導き出すことができるのか、生活総研で活用している「観察視点」の技法をご紹介しましょう。

4-2 ビッグデータの観察技法

街場を観察するように、予見を持たずにビッグデータを観察するにはどのような視点が有効なのでしょうか。ここからは生活総研が活用している5つの技法をご紹介します。

技法1　ボーダーライン分析法

ボーダーラインとは「境界線」や「何かと何かとの境目」、あるいは「特定の区切り」などのことを言い、これらの意味合いをもって「どっちつかずの状態」を表す場合にも使われる単語です。

この言葉の意味通りボーダーライン分析法とは、年齢や時間、気温といった量的な指標を軸として設定してデータを分析した際に、特定の閾値《いきち》の前後で状況が変わる境目を見つける技法です。

たとえば、3-1で紹介したSmartNewsとの共同研究では、35歳から60歳にかけて1歳ごとに美容カテゴリー記事のPVランキングを抽出する分析を行いました。その結果、年齢が上がるほど「ショートヘア」を含む記事がランクインしていき、特に47歳ぐらいから一気に関心が高まっていくことがわかりました。

また、アジャイ・カリア氏によるSpotifyの視聴データ分析では、年齢ごとに視聴アーティストの

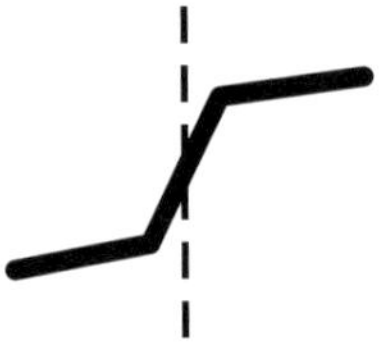

技法1

ボーダーライン分析法

前後で状況が一変する境目の値、
閾値《いきち》を見つける

ランキングを分析し、新しい流行りの音楽をとうとう聴かなくなるボーダーラインは33歳だと結論づけています。

生声の中に出てくる特定の言葉遣いにも、年齢でボーダーラインが明らかになるものがあります。2-2、3-4でもご紹介した生活者の不満や意見を買い取る「不満買取センター」に集まった生声の中から、感情を表現するワードの出現率を女性の年齢ごとに解析したことがありました。すると、女性は「お気の毒」というワードを42歳頃から急に使い始める、という結果が出てきたのです。これも言葉遣いにおける年齢のボーダーラインと見ることができるでしょう。

ボーダーラインは深掘りのしどころ

何らかの行動がある年齢を境として急に現れる、あるいはされなくなるということは、そこに何らかの変化があるはずです。47歳前後の女性がロングやミディアムの髪型をやめて、ショートヘアに切り替えるのはなぜなのか？ロングヘアでい続けたいという人はいないのか？その年齢を超えてロングヘアにしている人はどんな人なのか？様々な問いが浮かんできます。

Spotifyのデータにしても、ほとんど新しい音楽を聴かない33歳以上の人たちに受け入れられるアーティストというのは、相当裾野の広いブレイクをしていると見ることもできます。だとすれば、今度はそういうアーティストにフォーカスして、受け入れられたポイントを探っていく、ということもできるでしょう。

対象者の年齢がわかるビッグデータを手元で扱える機会に恵まれたら、ぜひこのボーダーライン分析法という技を思い出してください。特定の年齢にボーダーラインを見つけることができれば、あとはその前後の年齢にフォーカスして何が要因になっているのか深掘りしていくことが可能ですし、年齢特有の課題が見つかることもよくあるからです。その課題を解決する商品などがあれば、「○○歳からはこれ！」というような訴求も可能になります。1歳あたり400人以上のサンプルが確保できれば理想ですが、分析結果に10％くらい誤差があることに目をつぶれば、1歳あたり100人程度のサンプルの確保で十分、分析が可能です。

様々な分析軸

ボーダーライン分析法が適用できる分析軸は年齢だけではありません。たとえば気温です。昇温商品（気温が上がるほど売れる商品）と言われるビールやアイスクリーム、ざるそば、降温商品（気温が下がるほど売れる商品）とされるおでん、日本酒、鍋料理などは、ピンポイントでボーダーラインとなる気温が割り出されています。

Food Watch Japan がライフビジネスウェザーへの取材をもとに発表した記事［★1］によると、ビールやアイスクリームは25度以上、ざるそばは22度以上で売れ始めるとされています。反対に、おでんは18度以下、日本酒や鍋料理は15度以下になると売れ始めるそうです。その日の最高気温や最低気温を軸として、特定の商品の販売データ、特定の顧客行動率などを分析すれば、思わぬ昇温・降温商品や、昇温・降温行動が見つかるかもしれません。

他にも、身長や体重、テストの点数、サイトの訪問回数、1日の歩数、店と家の間の距離など、軸になりうる量的な指標は分析対象によって様々なものが考えられます。その中でも年齢は、加齢が誰にでも必ず起こることで、しかもそれによって起こる変化がある程度共通している（一般化しやすい）という点で最も汎用的な指標ですので、活用できるデータがあればぜひ試してみてください。ある程度の費用がかかってしまいますが、3-2でご紹介したように検索データも年齢ごとの波形を見ることは可能です。［★2］

技法2　ウェーブ分析法

ボーダーライン分析法は、年齢や気温などを軸として、特定のポイント（閾値）の前後で状況が二

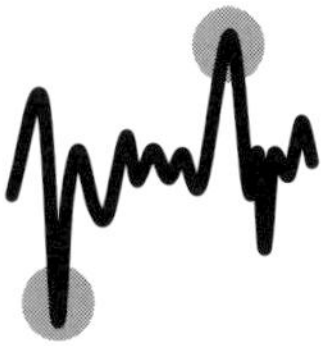

技法2

ウェーブ分析法

波形の動き、重なりから
周期性や構造の変化を見つける

分しているデータを探す手法でした。一方で、ウェーブ分析法はアップダウンのある波形から周期性を見つけたり、複数の波形を重ねることで背景にある構造を読み解く技法です。

まず、ウェーブの周期性の読み解きから解説しましょう。時刻（24時間）や週（7日間）、月（30日間）、季節（12ヶ月間）など、時間の流れを分析軸にすると、その波形から繰り返される一定のパターン、周期性が見えてくることがあります。

たとえば、2-3でご紹介したSmartNewsの記事接触データの分析では、記事のPVを時間帯ごとに分析することで、スイーツの新商品に関する記事は他のカテゴリーに比べ、朝や昼よりも夜遅い時間帯に接触されていることが判明しました。また、3-3のオンライン家計簿サービスZaimの分析では、出費のカテゴリーによって年末年始の需要期であっても、微妙にピークの日付や週がずれていることがわかりました。同じ3-3の最後にご紹介した日本経済新聞の分析事例では、毎月30日間のスーパーの売上を分析すると一般的に売上が増えると言われていた給料支給日にも増して、年金支給日に売上が伸びていることが示されています。これらは、ビッグデータの持つ膨大なデータ量をベースとして時刻や日にちごとに解像度の高い分析をした結果、読み解くことができた周期性ということができます。

新たな周期性＝生活者の新たな習慣

生活者の行動に新たな周期性が発見されると、シンプルにそのタイミングに商品のプロモーションを当てていくことが可能になります。それだけでなく、実際にそのタイミングで行動している人にフォーカスを当てて、その背景を深掘りすることができます。スイーツの新商品記事の分析では、その後の定性的な深掘りによって、夜友達とＬＩＮＥする時のネタとして新商品情報が機能していることが見えてきました。背景がわかれば、それにあわせて拡散の仕掛けを作ることも可能でしょう。

また、深掘りの結果まだ一部の人しかしていない新習慣が発見できたら、その習慣自体を広めていくような施策も考えられます。習慣というのは実は10年くらいのスパンがあれば結構変わっていきます。節分の恵方巻きも元々は大阪に限った風習でしたが、１９９８年にセブン-イレブンが全国展開を始めたのをきっかけに普及し、今では首都圏ですら豆まきよりも定着した節分の習慣になっています。[★3]

また、周期性を可視化できるということは、それがどのくらい人々の生活に根付いた影響力のあるものなのか、変化を見ることも可能です。例えば日本企業の場合、年末年始やお盆に長期休暇は集中する傾向がありますが、今後は働き方改革の影響もあって時期が分散し、お盆に遠出する人が増えるという周期性は弱まっていく可能性もあります。周期ごとに影響を計測し続けることで、そのような周期性、生活者の習慣の趨勢も見えてくるはずです。

複数のウェーブを重ねる

波形の中にはピークに向かって上昇し、ピークを過ぎると下降していく山型になるものも多く存在します。むしろ、身長や体重、テストの成績、運動の能力、年収などについて、数百人以上のデータがあった場合にその分布をグラフにしてみると、波形はだいたい山型になります。【★4】多くの商品やサービスにも、どのくらい集中しているかは別として顧客の中心となる年代が存在しています。

そのため、ボーダーライン分析法でも紹介した年齢や気温などの量的な指標を分析軸として複数の波形を重ねてみると、背景にある構造が見えてくることがあります。3-2では、メルカリのカテゴリーごとの取引データをもとに、出品者と購入者の年齢の波形を重ねた分析を紹介しました。出品者と購入者の波形がぴたりと重なっているカテゴリー、微妙にずれているカテゴリー、出品者の波形に山がないのに購入者の波形は大きな山型になっているカテゴリーなど、様々なタイプが見つかりました。それらの波形の重なり方からは、一部の年齢に特化して取引が行われているのか、上の年齢から下の年齢へおさがりが起きているのか、あるいは全年代から一部の年齢の人々が買い占めているのか、といった裏側の大きな構造を読み解くことができます。この研究の時にはフリマアプリの特徴を活かして出品者と購入者の波形を重ねましたが、購入者のみで様々なカテゴリー、商品の波形を重ねてみると、カテゴリ間、商品間の関係性が見えてきます。ファッションや美容、子育てなどについて各カテゴリーの波形を重ねると、「このアイテムに手を出した1・5年後に、このアイテムに手を出す…」といった大きなストーリーを描くこともできるでしょう。

ソースの違うデータも重ねられる

また、同じ3-2の冒頭では、Yahoo! JAPANで「婚活」という言葉を検索した人の年齢の波形を人口動態統計による初婚、再婚年齢の波形に重ねたら、「婚活」の波形が「初婚」と「再婚」の波形の間に綺麗に収まった、という事例を紹介しました。婚活というのは友人たちの初婚のウェーブに触発されて始めるものだということか？婚活の波形は再婚の波形よりは前にあるけれど、婚活後に実際に結婚した人の波形を出してみると再婚の波形とほぼ重なるかもしれないな…。などと色々な推測のできるデータです。

ただ、ここで最も重要なのは年齢という分析軸が同じであれば、検索データとマクロ統計データという全く異なるデータソースから取ってきた波形を同じグラフ上で重ねられる、ということです。様々なデータソースを分析に取り込むことで、生み出せる仮説のバリエーションを飛躍的に高めることが

技法3

ホットスポット分析法

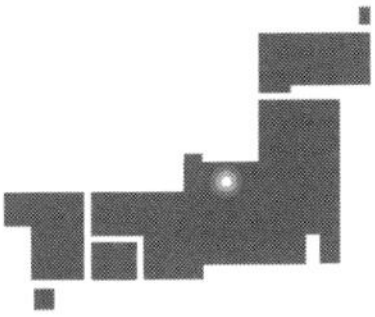

生活者の動きが最も活発な中心点や
新しい動きが起こる変化点を見つける

できるのです。

ブレインストーミングで持ち寄られたアイデアやデータなどを構造的に整理、俯瞰するための著名な手法にＫＪ法があります。博報堂では伝統的に入社前の研修で取り入れられているのですが、この手法では情報を書き出したカードをまとめる際には出元や種類ではなく、情報の背景にある意味の共通性でまとめていく、というメソッドがあります。異なるデータソースの波形同士を重ねることは、さしずめグラフ上でＫＪ法を行っていくようなものなのです。

技法3　ホットスポット分析法

ボーダーライン分析法、ウェーブ分析法は量的な指標や時間の流れを分析軸として、全体の構造を俯瞰した上で注目点をあぶり出す手法でした。それに対してこのホットスポット分析法は、特定の日にちや地点、あるいは人などにピンポイントでフォーカスを当て、そこに紐付く多様なビッグデータをもとに深掘りしていく技法です。それによって、生活者の行動が最も活発な中心点、新しい変化が最も激しく起こっている変化点、つまりホットスポットを浮かび上がらせていくわけです。

そもそも、ビッグデータも単純にデータ全体を俯瞰で見てしまうと、「そうダヨネ（予想どおりだよね）」ということが多い、つまり1章で触れた「ダヨネの壁」を突破できず、新しい発見につながらないということになりがちです。だからこそ、データを俯瞰する時もボーダーライン分析法のように前後で状況が一変する閾値のあるデータを探したり、ウェーブ分析法のように周期性や波形の重なりから背景構造を読み解くといったアプローチを行うわけです。これらの技法がデジノグラフィで有効なのは、ビッグデータの抱える膨大なデータの量によって、年代ではなく年齢、月単位ではなく日にち単位まで細分化した解析が可能だからです。

一方で3章で紹介したように、ビッグデータの特徴は膨大なデータ量だけでなく、データの種類の多様性にあります。フォーカスを当てた先でさらに多角的な分析が可能なのです。3-3で紹介したオンライン家計簿サービスZaimデータを活用したクリスマスの分析はまさに、特定の日にちに紐付くデータの多様性を活かした分析です。

クリスマスには消費が盛り上がる、ということ自体はまさに誰でも知っている「ダヨネ」な事実です。しかし、12月23〜24日にかけて「全国で一番、消費が盛り上がるのはどの県なのか？」というのはあまり知られていません。この分析ではその点を深掘りし、実は新潟県が365日平均に比べて一番支出額の伸びが大きい、という事実にたどり着きました。特定の日付（12月23〜24日）のデータにさらに特定の地点という観点でフォーカスを当て、ホットスポットを探り当てた、ということです。

さらに、クリスマスに支出が伸びる特定の品目についてフォーカスを当てると、ケーキや洋食はもちろんですが、寿司もかなり支出が伸びるということがわかりました。品目的には寿司が新たなクリスマスのホットスポットになりつつあったのです。この研究の際には、そこにさらに地点でフォーカスをかけたところ、最もクリスマスの食費で寿司にかける割合が大きい県の一つとして、海なし県の山梨県が浮かび上がる…といった展開がありました。3-3で詳述している通り、ホットスポットが明らかになったら、その後はビッグデータだけでなく、定性的な取材やマクロデータなど別の視点から背景を深掘っていくことも有効です。

コロナ禍で地点のデータがオープンに

地点としてのホットスポットは、位置情報データを活用するとさらにピンポイントにフォーカスして分析することが可能です。そのような取り組みは特にコロナ禍を受けて社会全体として活発に行われるようになり、無料でデータが入手しやすい状況が生まれています。2020年11月の段階では、携帯大手各社は自社の保有する位置情報データをもとに、全国の駅や観光地など主要スポットの人出データを毎日公表しています。[★5] また、1-2でも紹介した内閣府による人流、消費データの可視化サイトV-RESASでは、日本各地の主要駅について時間帯ごとに人流データが確認できる他、各企業から提供を受けたデータをもとに消費関連のデータもかなり詳細なものが公表されています。

これらのデータ公開の取り組みは新型コロナウイルスの流行抑制と、その後の経済再活性化のためという意図で行われているものです。そのためコロナ禍の収束後には取り組みとして終了する可能性もありますが、社会的なビッグデータ活用の形として非常に意義深いものです。通常のマーケティングにも十分活用できるデータですし、自分の肌感覚と実際のデータのギャップを測ることも可能です。ぜひ一度、ご覧になってみてください。

n＝1にフォーカスすることも

ホットスポット、というと語弊がありますが、フォーカスのかけ方として、データの性質によっては1人の対象者を徹底的にマークする方法もありえます。扱うデータの性質だけでなく、データ利用規約上の問題がないかに注意が必要ですが、3-4では株式会社Insight Techが運営する「不満買取センター」のユーザーの中から、たった1人の主婦にフォーカスしてコロナ禍が本格化する前後の投稿の変化を追いました。

デプスインタビューなどの定性調査では、1人の対象者の発言や行動にフォーカスして分析やインサイト抽出を行うことを「n＝1を信じる」と言うことがあります。たった1人のことなのになぜそれを信じられるのかというと、様々な角度から話を訊くことで、何気ない一言であったとしてもその人の置かれた状況や背景にある文脈を理解した上で解釈することが可能になるからです。ビッグデー

技法4

トライブ分析法

生活者の行動特性から
新しい群れや集団を見つける

タ上に、たとえ1人でも行動や発言のデータが時系列で潤沢に蓄積されている場合、同様のことが可能になるのです。

ただし、デプスインタビューの場合はもちろん本人は話を聴かれることを同意した上で話をしてくれていますが、ビッグデータの場合はそうとは限りません。個人情報保護に抵触しないか、事前にデータ活用の仕方として同意が得られているかについては、データ分析の前にきちんと確認すべきです。

また、3-5で紹介したように、スマホのアプリの中には所有者のビッグデータが様々な形で蓄積されています。定量調査や定性調査を行う場合に、その人の生活実態や人となりを探る一助として、ヘルスアプリの中に溜まっている歩数のデータを教えてもらったり、写真アプリのピープル機能でどんな人の写真が何枚あるか教えてもらう、といった活用の仕方もありえるでしょう。

技法4　トライブ分析法

ここまでご紹介した技法では、生活者を分類する軸として主に年齢や居住地域（地点）のようなデモグラフィックな属性を利用してきました。特に性別や年齢は、多様化しつつあるとはいっても生活者の行動の様々な面に強い影響を与えるため、俯瞰して生活者を見る際にはわかりやすく、有用な切り口です。一方でそのようなデモグラフィックな属性、あるいは定量調査で聴取した意識をもとにした健康志向層、ファッション高感度層といったクラスタリングではなく、ビッグデータならではの行動特性の解析によって生活者の新しい群や集団を見つけることができないか。それがトライブ分析法のアプローチです。

2-5でご紹介したＳＮＳ人物画像の3カ国比較分析では、日本と中国はタイに比べて顔の隠れた写真が多い、という傾向が明らかになりました。一方で、定性的な取材によると日本と中国でも背景は大きく異なっています。中国は鍛えた体など顔以外の部位を強調したい人たちが顔を隠して撮影しているのに対し、日本では顔よりもファッション、インテリア、ロケーションなど他者の参考になる情報をメインに発信しようという動きがありました。これらの結果は中国では顔を盛るのではなく、カラダを盛る人々、トライブが生まれているということですし、日本では誰かに真似してもらいやすい雰囲気や世界観を盛るトライブが出てきていると捉えることもできるでしょう。実際に、3-5でご紹介したマイビッグデータカウント調査では、21歳以下の年齢ではInstagramのプロフィール写真に自分の顔が写った写真より、後ろ姿など顔が特定されない自分の写真を使う率が高いという結果も出てきました。若者にその背景を取材すると、やはり彼らはプライバシーを気にして顔を隠す意識はほとんどなく、むしろ雰囲気や世界観を伝えるのに顔は情報として邪魔になる、という意識が強いようでした。

また、3-2のメルカリ取引データの分析では、メンズの「スニーカー」カテゴリーの取引で20歳前後と40歳前後という全く別の年齢層の人同士が相互に活発に取引をしていることが明らかになりました。そのような傾向は、「スケートボード」など他のストリート文化に関連するカテゴリーにも見られています。つまり、ストリートのカルチャー愛好者というトライブは年齢に依存せずに存在し、熱量の高い取引を行っているということです。実際に、スケートボードはオリンピックの競技に採用されたこともあってか、30代、40代からのスケボーデビューを勧めるブログも見つけることができます。

名詞ではなく動詞を切り口に

行動データだけでなく、SNS投稿や検索データのようなテキストデータでもトライブ分析法を活用することができます。その際にポイントになるのは、名詞ではなく動詞に注目することです。

2-4でご紹介した検索データの分析では、2つ以上の単語を組み合わせた複合検索に着目しました。「〇〇　使い方」、「〇〇　育て方」、「〇〇　増やし方」といった2番目に入力されることが多い単語を軸としているため「第2キーワード分析」と呼んでいますが、この第2キーワードの切り口となるのは多くの場合、使う、育てる、増やすといった動詞なのです。

私たちが人をカテゴライズする際の切り口は多くの場合、名詞で表現されています。10代、20代、男性、女性、東京都在住、北海道在住といったデモグラフィックな属性だけでなく、〝健康〟志向層、〝ファッション〟高感度層など意識によるクラスタリングも同様です。

このような名詞による括り方は、規定される範囲が明確なのでとてもわかりやすい反面、その範囲外に発想が広がらない面があります。ビッグデータはせっかく人の〝行動〟が分析できるのですから、切り口も動詞を起点に考えてみると新しい視点が見つかるでしょう。

たとえば、コロナ禍では「〇〇　育て方」という検索が増加しましたが、これを「育てる」トライブが増えたと考えて深掘りしてみるとどうでしょう。植物や動物など以外にも、育つ家具、育つ家、といったコンセプトに受容性の高い人々が増えているかもしれません。あるいは、SNSで顔を前面に出さない人を「隠す」トライブ、積極的に出していく人を「さらけ出す」トライブと考えて深掘りすると、「隠す」人々と「さらけ出す」人々の間にある文化の違いが見つかるはずです。あるいは、最近増加している「隠す」人々はどこで自己顕示の欲求を満たしているのか？といった別の問いも生まれてくるでしょう。そうやって発想を発展させていく時に、動詞による切り口はとても役に立つのです。

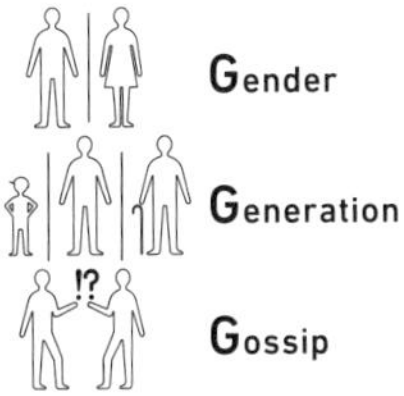

技法5

3Gの法則

人々に興味を持たれやすい
3つのGを分析に絡める

観察視点の技法として最後にご紹介するのは「3Gの法則」です。これは技というよりも法則に近いもので、ビッグデータの分析に3つのG、つまり、Gender（性別）、Generation（世代・年代）、Gossip（ゴシップ・噂話）を要素として絡めると、分析結果に興味を持ってもらいやすい、ということです。

広告制作における非常に有名なセオリーに「3Bの法則」というものがあります。Beauty：美女、Baby：赤ちゃん、Beast：動物の3つのBを広告に起用すると、注目を集めやすく、好感度を高めやすいというものです。非常に古典的なセオリーなのですが、今でも結構通用してしまうところがあります。3Gの法則はこれのデータ解析版だと考えていただけるとわかりやすいでしょう。

デジノグラフィで導き出すのは正解ではなく、議論の起爆剤になる問いです。議論の起爆剤となるためには、その解析結果が誰にとってもわかりやすく背景をあれこれ洞察したくなるような面白さを含んでいる必要があります。その際にこの3つのGが要素として有効に機能します。

1つ目、Gender（性別）のギャップを見る、というのはデータ分析の鉄板中の鉄板です。対象者を男女に二分して差を見るという非常にシンプルな方法ではあるものの、やはりどんなデータでも男女差がつくことは非常に多いので分析がしやすいということがあります。また、誰にとっても「自分ごと」であるというのも重要なポイントです。分析結果の背景を議論する際に、「自分は当事者でないからよくわからない」とならずに、誰しもが語るべきこと、思い浮かぶ仮説がある、というのは議論を活性化する土台になります。

2つ目のGeneration（世代・年代）間のギャップというのも、対象者を上の世代、下の世代に分けて比較するというオーソドックスな手法です。しかし年齢のない人はいませんし、上下の世代との違いというのは誰しもが何かしら感じているものです。こちらも「自分ごと」にしやすく、分析結果の背景を幅広い世代の人で議論しやすいといえます。前述しているように、ビッグデータは1歳単位に区切りを細分化することもできるので、境目になる年齢をはっきりと可視化する、ということも可能です。

3つ目のGossip（ゴシップ・噂話）は、恋愛や夫婦などの男女関係、身体や健康、お金の話など、著名人のゴシップとしても取り上げられやすいような行動や生声、あるいはそれを感じさせる商品に注目してみる、ということです。ちなみに、ゴシップの語源をたどると本来は「名付け親」という意味だそうです。名付け親はその家で見聞きしたことを外で言いふらすことが転じて噂話という意味になっていったのですが、要はゴシップ的な話というのはそれだけ「他の人に言いたくなる、言の葉に乗せたくなるネタ」ということなのです。

これらの3つのGを全て組み合わせたのが、2-1で紹介したQ&Aサイト「OKWAVE」に蓄積された恋の悩みの分析です。恋の悩みという Gossip 的な生活者の生声を、20代、40代、60代という Generation ごとに切り出し、恋の悩みから抽出されたワードの Gender ギャップを分析するという構造を意図的に設計しました。この研究はデジノグラフィの第一弾として行ったものだったので、とにかく注目を集めたかったのです。結果的に Web メディアで大きな話題となり、その後も研究を広げていく原動力になりました。

定量調査やアンケート調査では建前で隠されてしまうようなことでも、ビッグデータとして蓄積される行動データや生声はリアルな実態がそのまま記録されるため、特にこのような分析はしやすいと言えます。

そうやって結果を聞く人も面白がってくれる分析を心がけていくと、データがひとりでに拡散して議論を起こしてくれるようになりますし、デジノグラフィの解析仲間を周囲に増やすことにもつながっていくはずです。

4-3 キラーデータの抽出技法

「ダヨネの壁」の後に現れる「ソレデ？の壁」

4-1でご紹介した観察視点は、予見を持たずにデータをフラットに観察し、注目すべき兆しを発見したり、インサイトを深掘りするための技法です。しかし、「ダヨネの壁」を超える予想外の面白いデータが発見できたとしても、それがはたしてどれだけ重要な発見なのか、という問題が出てきます。「確かに面白いね。でも、So What? だから何なの？」という「ソレデ？の壁」が立ちふさがるわけです。

何の目的意識もなくやみくもにデータ分析すると陥りがちな罠なのですが、そうかといってガチガチに仮説を作り込んで仮説検証型に分析を振り切ってしまうと、新しい発想が出てこなくなるので難しいところです。

生活総研では、単に「面白い」ということを超えて、議論や意思決定に対して強いインパクトをもたらすデータのことを、キラーデータと呼んでいます。世界的に著名なキラーデータという意味では、『21世紀の資本』の著者トマ・ピケティらが指摘した上位1％への所得（富）の集中があげられます。アメリカでは80年代以降、所得上位1％の所得が総所得に占める比率が上昇し続けていることを指摘したこのデータ【★6】は、所得格差の拡大を裏付けるものとして2011年に起こったアメリカ政財界への抗議活動「ウォール街を占拠せよ」に大きな影響を与えました。"We are the 99%!"（我々は下位の99%だ！）と叫ぶデモ参加者の姿を記憶されている方もいるのではないでしょうか。

キラーデータは、大きな文脈に乗る

「上位1%への所得集中」の事例からもわかるように、キラーデータとして流通するためには、そのデータをどれだけ大きな問題意識の文脈上に、言い換えれば大きな物語の上に乗せることができるか、が非常に重要です（もちろん、データの正確さ、明確さも前提として大事なのですが）。

ピケティらが指摘した「上位1%への所得集中」というデータは、一連の抗議活動の基盤となるキラーデータになりました。それは、「経済全体は発展しているのに、自分たちの生活はなかなか豊かにならない。一部の人に利益が集中して、富めるものとそうでないものの格差が拡大しているのではないか。そのような不均衡は是正されるべきではないか」、そんな大きな問題意識が人々の間に渦巻いており、その文脈にこのデータがピタリと合致したからです。

そこでここでは、デジノグラフィで抽出したデータを大きな文脈、物語の上に乗せるための5つの技法を紹介します。これらの技法は分析するデータ領域を絞ることにも使えますし、発見したデータの取捨選択や深掘りする方向性を決める際にも有効です。

技法6
アジェンダ発想法

人々が注目している
“話し合うべき課題”を起点に

私たちも実際にデジノグラフィを行う際には、4-2で紹介した5つの技法に基づくデータの観察を進めつつ、たまに立ち止まって、どうしたら大きな物語を象徴するようなキラーデータになるか方向性を考える、ということを繰り返しながら研究を進めています。

技法6　アジェンダ発想法

アジェンダ発想法は、人々が注目しているアジェンダ（話し合うべき課題）を起点として、それに関連するデータを分析する、あるいはその文脈に発見されたデータを乗せていく技法です。キラーデータ化に関してはこの技法が最も基本になります。

アジェンダには世界全体、日本全体にとっての大きな課題から、子育て中のママなど特定のターゲットにとっての課題、あるいは自分の所属している会社や部門部署、地域の課題といった特定の集団内の課題など様々なレイヤーがあります。日本全体のアジェンダとしては少子高齢化、格差社会、働き方改革、インバウンドなどがあるでしょう。社内のアジェンダで言えば、新規ユーザーの減少、新しい競合サービスの登場など様々なものが考えられます。

この技法が有効なのは、既にそのアジェンダが重要で検討すべきことだというコンセンサスが、あなたと分析を聴く人々の間に最初からできている場合が多いからです。逆に言えば、分析の結果を共有する際に何らかのアジェンダに紐付けて語らないと、「これって何のために分析してるんだっけ?」という話になりがちです。

4-1でご説明した通り、デジノグラフィはあまり仮説検証型にならずに、フラットにビッグデータを観察、探索していくものではあります。ただ、発見をもとに仮説を作り、提言や施策に落とし込んでいくためには、重要なアジェンダを見越す形で分析するデータの領域などに見当をつけていくのは必要なことでしょう。

また、ビッグデータは手元にあるが何から手を付けていいのかわからない、という悩みが生じた場合にも、この技法は有効です。今世の中でホットなアジェンダは何かを考えてみたり、社内でよく議論されている課題、年次あるいは中期の経営計画など会社の方針資料を振り返ってみると、分析の方向性を決めるなんらかのヒントが見つけられるでしょう。

技法7　ロングデータ発想法

既存の長期時系列データが示している変化を分析の起点として活用するのがロングデータ発想法で

技法7

ロングデータ発想法

長期時系列データが示している
継続的な変化を起点に

す。この技法の良いところは、デジノグラフィで得られた発見に、長期的な視点が加わることです。ビッグデータは社会的にも利活用が始まってからまだ日が浅く、10年以上の長期間にわたるデータを分析できるものはほとんどありません。また、仮にデータが蓄積されていたとしても、データの母体となっているサービスの流行り廃りや機能の変化、ユーザー属性の変化などの変数が多くあり、10年スパンの長期的な変化の分析には不向きなところがあります。

一方で、たとえば調査票に記入してもらうアンケート形式の定量調査の場合、同じサンプリング手法（調査対象者を集める方法）が実施できる限りは、何十年でも同じ条件で人々の意識を聴取し続けることが可能です。生活総研の「生活定点」調査では、1992年から現在に至るまで「愛を信じる」あるいは「お金を信じる」人の率を聴取し続けています（そして、調査を開始してから22年後の2014年に初めて、「お金を信じる」人の率が「愛を信じる」人の率を上回るという変化が現れました）。これだけ長く時系列データが蓄積できており、そして愛やお金という言葉の定義やニュアンスが変わらない限り今後も同様にデータが蓄積できるのは、アンケート形式の長期時系列定量調査、つまりロングデータならではのことです。

そういう意味ではビッグデータとロングデータは補完関係にあると言えます。ビッグデータは実際の行動や生声を高い解像度で分析できる一方、長期的な変化や人の価値観や意識を見るのは不得意な面があります。一方で、ロングデータは詳細な行動を追うには不向きですが、人々の価値観や意識を捉えたり、その長期的な変化を蓄積することに優れているからです。2-2で紹介した夫婦喧嘩の生声の分析では、長期的な夫婦関係の変化として生活総研が実施した「家族調査」の結果を援用しました。これも、ビッグデータとロングデータを組み合わせて分析を深めた事例と考えることができるでしょう。

生活総研では1992年から実施している「生活定点」調査をはじめ、夫婦を調査対象者とした「家族調査」、10〜14歳の子どもを対象とした「子ども調査」、60〜74歳の高齢者を対象とした「シルバー調査」といった20年、30年のスパンで蓄積したロングデータを無償で公開しています。また、内閣府や統計局が行っているマクロ統計もその多くが長期時系列調査ですし、NHK放送文化研究所も「生活時間調査」や「日本人の意識調査」といった数十年続く時系列調査を実施しています。変わったところでは警察庁は戦後間もない1946年頃からの様々な種類の犯罪件数を統計化し、「犯罪白書」で公表しています。分析したいテーマに関するロングデータというのは、調べてみると意外なところで見つかったりするものです。特に、生活総研の「生活定点」調査は衣食住や価値観、恋愛や仕事、人間関係に至るまで約1400項目の26年間にわたるデータが公開されていますので、ほとんどのテーマで関連する項目が見つかるはずです。ぜひ活用してみてください。

技法8

イベント発想法

インパクトのある
社会イベントを起点に

イベント発想法は、台風などの災害、サッカー代表戦などの大きなイベント、消費税増税などの政策実施といった、インパクトのある社会イベントを分析の起点とする技法です。

象徴的なイベントの前後で生活者の行動にどのような変化があったのかを見ることで、今後同様のイベントがあった時に起きること、あるいは発生する商機などを予測できることがこの技法の特徴です。台風や試合のような日付が明確なもののほうが変化が現れやすいでしょう。

たとえば、日本気象協会とシノプスは、台風接近前後の買いだめや買い控えによる需要変化に合わせて発注を自動で制御するシステムを開発しています。２０２０年９月に行われた実証実験【★7】では、９月７日に台風10号が接近した四国地方のスーパーで実際に台風に合わせた自動発注を行い、買いだめ商品である食パンの売上を増加させることに成功しています。

観察視点の技法２　ウェーブ分析を行えば、クリスマスや節分など周期性のある年間行事であれば、その日に起こる変化を発見することができます。一方で、台風や大きなスポーツイベントは定期的に発生するものの、日付が決まっているわけではありません。そのため、最初から意図を持って発生日を調べ、そこにフォーカスした分析をする必要があるのです。

技法9

俗説発想法

世の中で定着している
俗説や常識、固定観念を起点に

技法9　俗説発想法

俗説発想法は、世の中で広く知られている俗説や常識、固定観念を検証する技法です。たとえば〝お肌の曲がり角は25歳から〟、〝厄年には災難が多い〟、〝エルダー層は新しい音楽を聴かない〟といったことは本当に正しいのか、例外はないのか、という発想でビッグデータを分析します。仮説検証ならぬ、〝俗説〟検証ということです。

ちょっとバラエティ番組のようですが、もし常識や固定観念が正しくなかったり、例外が存在していることを導き出せれば、多くの人がそうだと思いこんでいるだけに強いインパクトを残すことができます。あるいは迷信だと思っていたことが、実は意外と正しかった、という場合もありうるでしょう。

2-1でご紹介した恋の悩み分析でも、一般的には女性のほうが自分の外見を気にすると思われるものの、少なくとも恋愛という文脈に関しては男性のほうが外見の悩みが深い、という予想外の結果が出てきました。また、観察視点の技法1ボーダーライン分析法で触れたように、アイスクリームが売れだすのは概して気温が25度以上になってからではあるものの、真冬には「暖房の効いた部屋の中で冷たいアイスが食べたい」という全く逆のニーズが生まれます。最近では冬アイスという言葉も徐々に浸透してきました。何にでも例外はありますし、例外にこそ次のアイデアのヒントが潜んでいるものです。

冒頭にあげた「お肌の曲がり角は25歳から」という俗説に対しても、たとえばYahoo! JAPANの検索データを分析すると、「アンチエイジング」を検索している人のうち30代は17%、20代は11%なのに対して、10代以下も5%ほど存在します。10代でお肌の曲がり角への抵抗、アンチエイジングを考えているのは一体どういう人で、そこにどんなインサイトが埋まっているのか、深掘りしてみるのは面白いかもしれません。確かに大勢としては常識の通りだったとしても、10代のアンチエイジング、厄年にこそ生まれる幸運、エルダーに人気の新人アーティストといった例外、非凡な要素を深掘りするのも、膨大かつ多様なデータを抱えるビッグデータの特徴を活かすアプローチだと言えます。

技法10

違和感発想法

個々人の生活の中で生じた違和感や驚きを起点に

最後にあげた違和感発想法は、個々人の生活の中で生じた違和感や驚きを起点にデータを分析する技法です。仮説というほど明確なものではない「最近、何となくこういう人がお店に増えてきている気がする」、「このあいだ友達が思いもよらない食べ合わせをしていてびっくりした」というような気付きは、人知れず広がっている変化の現れかもしれない、とても大事なものです。それは自分自身の仕事や生活の中だけでなく、現場担当者との雑談やSNSで見かけた投稿の中などにも潜んでいます。

3-5ではiPhoneの写真アプリのピープルに表示されるのはどんな属性の人か?というデータをご紹介しました。このデータを分析するきっかけになったのは、研究員同士で話をしていた時に20代の研究員が言った「最近、ピープルの上位にスクショした画像に出てる芸能人が表示されるんですよね。知り合いでもなんでもないんですけど」という一言でした。これは単にうちの若手研究員が特殊なのか、それとも実はよくあることなのか?衝撃を受けた私たちが調査分析した結果わかったのは、「10代、20代においては、芸能人は家族や恋人よりも頻繁に写真アプリのピープル上位に登場する」という事実でした。

この技法で大事なのは、あなたのマーケッターとしての嗅覚です。何気ない瞬間に感じた〝違和感〟を自分自身が大切にする必要がありますし、それをなんとかデータで可視化してやろう、という気概がないといけません。しかし、自分の実体験で感じた違和感を起点とした発見は、それを語る際にも自然と熱を帯び、具体的なエピソードが紐付いている分、聞き手にとっても非常に説得力が増すのです。


4章ではデジノグラフィの技法を、観察視点の技法、キラーデータ化の技法に分けて解説しましたが、実際のデータ分析では双方を行き来しながら、その都度、前進したり、後退したりして検証していきます。

分析を繰り返していくうちに、あなたの経験値は上がり、知見も蓄積されていきます。それと共に、観察視点として今回はどんな視点が良さそうか、この技法を使ってキラーデータ化していこう、というような判別も容易にできるようになるはずです。

とはいえ私たちの経験上、自分の中で分析結果を抱え込むと、行き詰まりになることが往々にしてあります。ですから、少しでも気になる、面白いと感じるデータがあった時は、とにかくすぐに周囲の人たちとの会話の中で「そういえばさ…」と話題にしてみましょう。そうすると、自分では思いもよらないような解釈をしだす人や、「こういうのはどうなの?」と深掘りすべき別のお題をくれる人、興味を持って解析に協力してくれる人が現れます。そうすることで、より切れ味の鋭いインサイトの導出にたどり着け、社内外にデジノグラフィの仲間が増えていくということを、私たちは何度も経験しています。ぜひ皆さんも、仲間を巻き込み、楽しみながらデジノグラフィにトライしてみてください。

★1 Food Watch Japan「気温・湿度・風などの気象と売れる商品の関係は?」
https://www.foodwatch.jp/strategy/tabledesk/35742/

★2 ヤフー・データソリューション　DS.ANALYSIS
https://ds.yahoo.co.jp/analysis/

★3 博報堂生活総合研究所「生活定点」調査2020 直近1年間実施率（首都圏）恵方巻43・2% 豆まき40・1%

★4 正規分布を思い浮かべる人もいると思うが、正規分布はサンプル誤差や平均値の分布など確率変数の分布に関するもので、観測値の分布に当てはめられるものではないので注意が必要。

★5 ドコモ モバイル空間統計 新型コロナウイルス感染症対策特設サイト
https://mobaku.jp/covid-19/
KDDI 全国主要観光地における人口変動分析
https://www.au.com/information/covid-19/
agoop 新型コロナウイルス特設サイト
https://www.agoop.co.jp/coronavirus/

★6 東京財団制作研究所「ピケティ「21世紀の資本論」が指摘したこと―なぜ1%への富の集中が加速するのか―」
https://www.tkfd.or.jp/research/detail.php?id=1176

★7 株式会社シノプス 2020年10月6日リリース
https://www.sinops.jp/wp-main/wp-content/uploads/2020/10/201006vstyphoon.pdf

おわりに――新しい時代の人間学へ

デジノグラフィ発表前夜によぎった2つの不安

ここまでご紹介してきたように、デジノグラフィは生活総研が約40年間にわたって蓄積してきた生活者を見る視点や技法を凝縮したものです。しかし、生活総研として初めてデジノグラフィの研究成果をメディアで発表する前夜には2つの大きな不安が頭をよぎりました。

1つ目の不安は、デジノグラフィの研究が一般の読者の方々に誤解を与えずに受け入れてもらえるだろうか、ということです。ビッグデータには人々の本音が赤裸々に現れています。特にその時発表しようとしていたのは2章の最初にご紹介した、Q&Aサイトに寄せられた恋の悩みの分析でした。容姿についての悩みや、不倫のような道ならぬ恋の悩みにも分析の中で触れているのです。もちろん、Q&Aサイトの投稿自体は誰でも見られる公開されたものですし、個人情報に抵触しないよう十分に注意して分析を行いました。しかし、内容が内容です。人々が内に秘めている思いや無自覚な心理を解き明かそうとする分析を読まれた方が不快さを感じないか、という不安がありました。

しかし、この研究記事に関してTwitterやNewsPicksなどに寄せられた声の大半は「非常に面白い！」と大好評で、ネガティブな意見はほとんどありませんでした。分析結果に対して、「私はこういう背景があると思う」、「こういうサービスがあると、悩みが解消されるんじゃないか?」といった様々な意見が寄せられ、発表当初だけでも十万人以上の方に読んでいただけました。多くの人が、純粋に分析結果に私たちと同じように興味を持ち、そこから自分自身の発想を広げてくれている。その事実に胸を撫で下ろすと共に、非常にうれしかったのを覚えています。

そしてもう1つの不安は、データサイエンティストなどこれまでビッグデータ解析を専門に行ってきた人の目に我々の研究がどう映るか、ということでした。もちろん分析したデータは誤りのないもので、その内容にも自信がありました。一方で、従来の最適化、効率化や、レコメンドアルゴリズムの開発といったビッグデータの活用法とは全く方向性が異なるアプローチだったので、専門家の反応が気になっていたのです。

しかし、この不安も杞憂に終わりました。むしろ我々のデジノグラフィの研究を特に喜んでくれたのが、普段からビッグデータ解析を専門にしている皆さんだったのです。「こういう視点でもビッグデータ分析できるのか」、「意外な切り口に刺激を受けた」といった感想を多くいただき、進んでいる方向に間違いはないと、自信を得ることができました。

誰もが持っている人間に対する興味と好奇心

既存の売上データの分析や、サイトに訪問するユーザーがどれだけ利益をもたらしているかといった分析は、その企業の利益に関わる人しか興味を抱かないことかもしれません。社内でも、日ごろの業務に関連のない他部署には、どのような人がいて、どのような業務を担っているのか、といったことにすら関心を抱かないことも珍しくないでしょう。

一方で、デジノグラフィで明らかになるインサイトや生活者の実態には、職種や役職にかかわらず、あるいは社外の人であっても誰もが関心を示してくれる、というケースが多くあります。それは利益がどうとか、専門や担当分野の範囲かといったこととは関係なく、自身が生活者である一人の人間としてデジノグラフィで見える様々な人間の実態に、「なんでだろう?」「自分にも当てはまるだろうか?」「裏側にどんな心理があるんだろう?」といった探求心や好奇心が芽生えるからです。

私たちがデジノグラフィに大きな可能性を感じているのは、まさにその点にあります。このアプローチから生まれた生活者に関する発見は、マーケティングや新しいビジネスに活用できるということ以上に、誰もが関心を抱き、自分なりの発想を飛ばすことができるものなのです。

デジノグラフィは日本人の発想に向いている

どうして多くの方がデジノグラフィのアプローチに興味を示してくれるのか、その理由の一つには日本人の国民性があるのかもしれません。

生活総研は２０１９年1月に、「#みんなって誰だ」というタイトルの研究成果を発表しました。

現代は人々の生き方や趣味嗜好がばらばらな個の時代とも言われますが、日常生活では「みんなが持っている」「みんながやっている」、というような言い方はいまだによくされます。では、現代における〝みんな〟とは一体誰のことなのか？ つまり現代のマス、大衆とは何で、今後どうなっていくのかを探る研究です。

研究を進める過程で上海の研究員から言われて驚いたのは、「そもそも、中国では〝みんな〟という言葉は使われない」ということでした。

中国語にも、漠然とした広い［みんな］を指す「大家（ダァーヂャー）」という言葉はあります。しかし、フォーマルの場で「みんなで団結しよう」と呼びかける時に使うくらいで、日常会話にはほぼ登場しないそうです。国土が広く人口が非常に多い上に、所得格差が10倍、20倍と激しいこともあり、世の中全体の〝みんな〟というのがイメージしづらいというのもあるのでしょう。日本に留学経験のある彼からすると、日本人は中国人に比べて非常に〝みんな〟がどうしているかを気にする人たちだ、という印象があるようでした。念のため、日本に留学や仕事などで居住経験のある欧米の方にも取材したのですが、やはり同じ印象を持たれていました。

実は、〝みんな〟がどうしているか気になる、という日本人の国民性はビッグデータにも現れていました。2018年5月時点のデータによると、Instagram の日本ユーザーが#（ハッシュタグ）検索をする回数は、世界平均の約3倍に及んでいるのです。ご存じの方も多いと思いますが、ハッシュタグは Instagram や Twitter など SNS に投稿する際に#をつけたキーワードをタグ化したもので、同じハッシュタグをつけている他人の投稿を検索して一覧することができます。たとえば、京都に旅行に行きたい時に「#京都旅行」「#京都散策」といったハッシュタグで検索をして、みんながどこに行っているのか探るという行動は、今では若い世代を中心にすっかり定着しています。

世の中の〝みんな〟がどうしているか探るツールともいえる#（ハッシュタグ）を世界平均の3倍も使っているということは、それだけ日本人はビジネスとしてという以前に、一人の生活者として〝みんな〟の実態への興味が強い人たちだと言えるでしょう。この国民性は、デジノグラフィによる生活者のビッグデータ分析に多くの方が興味を示してくれることにも、ベースとして影響しているのではないかと考えています。

（ちなみに、研究の過程の中で「大陸の人と違って台湾の人たちは〝みんな（大家）〟をよく使う、韓国もみんなを気にする傾向がある」といったこともわかりました。〝みんな〟が気になるのは日本人だけの特殊な国民性というわけでもないようです。）

新しい時代の人間学へ

4章でも触れたように、デジノグラフィで発見される生活者のデータは私たちに答えではなく問いを提示します。先にあげたQ&Aサイトの恋の悩みの分析一つをとっても、「恋愛では、女よりも男のほうが自分の外見を気にしてウジウジ悩んでいるだって?･自分には理解できない！」という方もいるかもしれませんし、「よかった。悩んでいるのは自分だけではなかったんだ！」と逆の気付きを得る人もいるでしょう。そして、「一体なぜなんだろう?どうしたら、男は自分の外見に対する不安を払拭できるんだろう?」といったような疑問がたくさん生まれてきます。

データの読み手に生まれるこれらの問いこそ、デジノグラフィがもたらす非常に重要な成果です。なぜなら、データが予想外の事実や感覚と大きく異なる値を示している時に感じる〝驚きや疑問〟こそが、人間理解を深めるきっかけになるからです。本書の冒頭に掲げたように「人を啓発するのは答えではなく、問い」なのです。

「はじめに」の中で、

「生活者発想」とは、人間を「消費者」としてではなく、「生活者」として全方位的に捉え、深く洞察することから新しい価値を創造していこうという考え方

だとご紹介しました。

新しい商品、新しいサービスによって価値を創造し、世の中の人を幸せにしていくためには、人のことをよく知らなければいけません。だから私たちは、人のことを消費者ではなく多面的で豊かな存在、〝生活者〟と呼んできました。生活総研が1981年に設立され、以後約40年間にわたって研究を続けてきたのも、人のことをもっとよく知りたい、という強い想いがあってこそです。博報堂は広告コミュニケーションを中心としたビジネスを展開していますが、「生活者発想」は広告学というよ

りも、人間学なのです。

そして、ビッグデータの時代。様々なセンシング技術の発展によって、生活者の行動や実態は桁違いに可視化されました。IoT化の流れの中で、今後は家電など身の回りの様々な機械の中にも、ネット接続されたセンサー群が実装されていくことになります。生活の可視化、高解像度化の流れは加速していくはずです。まさに、考現学者、今和次郎が夢見た世界が100年後の現代に訪れているのです。このことは、マーケティングだけでなく、医療などの様々な領域にインパクトを与えています。

一方で、ビッグデータによって人々の生活が可視化されても、既にある解をベースに最適化、効率化を求めるだけでは新しい幸せの種を見つけることはできません。ビッグデータと対峙するからこそ、〝自分自身が一人の生活者である〟ということを忘れずに、日々の生活で持つ違和感や感情の変化に敏感である必要があります。生活者としての自分がきちんとあるからこそ、ビッグデータを通して、人々の生活の息遣いを感じられる。自分と異なる価値観を持つ人々に対しても、リスペクトと想像力（エンパシー）を持って接することができる。そう私たちは考えています。

デジノグラフィは「生活者発想」に基づいた多様な観察視点・発想法によって、ビッグデータから生活者の見えざる価値観や欲求を発見する手法です。この手法がマーケターの皆さんの生活者への想像力、エンパシーを高める強力な武器となり、ひいては人々の新しい幸せを生み出す原動力になることを祈って、生活総研では今後も研究を進めていきます。

最後までお読みいただき、本当にありがとうございます。この本をここまで読んでくださった皆さんがそれぞれの領域でこの手法を活用していただければ幸いです。また、私たち生活総研も、デジノグラフィを発展させていくためには、自分たちの中だけに研究を閉じるのではなく、様々な立場の方々と視点やデータを持ち寄ることが重要だと考えています。そのため、デジノグラフィの研究はこれまでもその大半が他企業やメディア、外部研究者の方との共同研究の形を取っています。もし、生活総研と共に研究がしてみたい、という方がいらっしゃいましたら、ぜひお気軽にご連絡ください。

博報堂生活総合研究所Ｗｅｂサイト：http://seikatsusoken.jp

謝辞

この本の完成までに、大変多くの方のご協力を頂きました。
まず、デジノグラフィの考え方に賛同し、私たちと共に研究を進めて頂いた各企業、研究者の皆さんに深く感謝致します。2章、3章の事例順にご紹介すると、
株式会社オウケイウェイヴの齊藤学さん（2-1恋の悩み分析）、株式会社Insight Techの伊藤友博さん、行武良子さん、渋瀬雅彦さん（2-2夫婦の不満分析、3-4コロナ禍の不満分析）、ヤフー株式会社の山崎潤さん、佐々木孟さん、松岡みどりさん、水間皓介さん（2-3Web行動分析）、同じく天野武さん、林伸明さん、田中祐介さん（3-6人並み意識分析）、同じく荻野剛至さん、小野聖香さん（2-4検索データ分析など）、メディア環境学者の久保友香さん、QUILT.AIのAngad Chowdhryさん（2-5SNS画像分析）、スマートニュース株式会社の川崎裕一さん、磯貝陽一さん、河村麻里子さん（3-1記事PV分析など）、株式会社メルカリの志和あかねさん、株式会社カケルの山﨑大裕さん、木森博紀さん（3-2フリマアプリ取引分析）、株式会社Zaimの閑歳孝子さん、綿島琴美さん、林姚さん（3-3家計簿データ分析）、株式会社H.M.マーケティングリサーチの島守賢也さん、高橋真由さん、大山達也さん、北岡裕規さん（3-5スマホデータ分析など）、株式会社角川アスキー総合研究所の吉川栄治さん、鈴木大介さん（3-6ツイート感情分析）。
皆さんとの共同研究やデータ提供のご協力なしには、この本で紹介されている様々な発見はなし得

ませんでした。

本の執筆・出版にあたっては、編集者の刀田聡子さんが執筆に並走しながら私たちの意図を瞬時に汲み取り、様々な示唆と判断で理知的な佇まいの本に仕上げてくださいました。出版の機会を作って頂いた出版プロデューサーの潮凪洋介さん、初期の執筆をお手伝い頂いた佐藤文子さんにも感謝致します。お三方の存在なしにこの本はできませんでした。

また、博報堂DYグループ各社の皆さんや生活総研メンバーにも、多くのご協力を頂きました。土居将之さん（2-3 Web行動分析）、吉田芳弘さん、堀場久美子さん、奥田さらさん（当時）（2-5 SNS画像分析）、春名宏樹さん、田原將志さん（2-6言葉の数式分析）、稲井祐介さん（3-3家計簿データ分析）、露木章史さん（3-6ツイート感情分析）にはそれぞれの研究に参加頂き、渡邉麻美さんには多くの研究でデータ分析をサポート頂きました。

2〜3章に掲載しているインフォグラフィックを企画・制作頂いたのは生活総研のアートディレクター鎌田淳さんと株式会社セサミの徳丸英利さん、清田哲啓さん、赤坂夏生さん、松井梓さん、柳澤彩乃さんです。インフォグラフィック・エディターの櫻田潤さんにも様々な助言を頂きました。

デジノグラフィの様々な対外発信を生活総研Webサイトで行って頂いている岡田優さん、前沢裕文さん、荒井自如さん、大八木理香さん、生活者データ・ドリブン・マーケティング通信の島野真さん、西尾千絵さん、長谷川佑季さん（当時）、そしてこの本を含め広報としていつもサポート頂いている大野由樹子さん、玉さやかさんに厚く感謝致します。

執筆者紹介

堀 宏史　HIROSHI HORI

株式会社博報堂　博報堂生活総合研究所　所長代理

1993年博報堂入社。得意先のデジタルマーケティングに関わる業務に従事。2019年より現職。カンヌクリエイティブフェスティバル、スパイクスアジア、アドフェスト、ロンドン国際広告祭、文化庁メディア芸術祭グランプリなど受賞歴多数。

酒井 崇匡　TAKAMASA SAKAI

株式会社博報堂　博報堂生活総合研究所　上席研究員

2005年博報堂入社。マーケティングプラナーとして、教育、通信、外食、自動車、エンターテインメントなど諸分野でのブランディング、商品開発、コミュニケーションプラニングに従事。2012年より現職。著書に『自分のデータは自分で使う マイビッグデータの衝撃』（星海社新書）がある。

佐藤 るみこ　RUMIKO SATO

株式会社博報堂　博報堂生活総合研究所　上席研究員

2004年博報堂入社。飲料、食品、製薬、化粧品など様々な企業の商品開発、コミュニケーション戦略立案、ブランディング業務に従事。2019年より現職。

著者

博報堂生活総合研究所　https://seikatsusoken.jp/

1981年、「生活者発想」を標榜・実践する博報堂のフラッグシップ機関として設立。人を消費者だけにとどまらない多面的な存在：「生活者」として捉え、独自の視点と手法で研究している世界でも類を見ないシンクタンク。主な活動として、生活者の変化を長期にわたって追う時系列調査や生活者と暮らしの未来の予見・洞察などに加え、近年はデジタル空間上のビッグデータをエスノグラフィの視点で分析する『デジノグラフィ』の研究も推進中。その成果を書籍はもちろん、発表イベントやWebサイトを通じて広く社会に発信している。

宣伝会議 の書籍

ブランデッドエンターテイメント
お金を払ってでも見たい広告
カンヌライオンズ審査員 著、PJ・ペレイラ 編、
鈴木智也 監修・訳

「広告が見られない時代」に生まれた新しい広告の形、「ブランデッドエンターテイメント」。世界の広告・メディアのスペシャリストが豊富なケーススタディと共に解説する、「広告の未来」を担う人たちへの参考書。

■定価2420円（税込）　ISBN 978-4-88335-499-3

プレイフル・シンキング
【決定版】働く人と場を楽しくする思考法
上田信行 著

「仕事に真剣に取り組むときに起こるドキドキワクワク感」。それが本書が定義する「プレイフル」。オフィスや学校などで直面する様々な課題も、プレイフルに働くことで解決できる。それこそが真の働き方改革であり、楽しさにこそ仕事の本質がある。

■定価1760円（税込）　ISBN 978-4-88335-493-1

アイデアは捨てるとうまくいく
堀 宏史 著

新しいアイデアは「捨てる」ことから生まれる！「忙しい」を捨てる、「リミッター」を捨てる、「起承転結」を捨てる…あなたを縛る「常識」「思い込み」を疑い、余計な思い込みを捨ててアイデアを生み出す、デジタル時代のミニマル企画術。

■定価1760円（税込）　ISBN 978-4-88335-469-6

恐れながら社長マーケティングの本当の話をします。
小霜和也 著

「マーケティングが経営の重要な一角を占める」という認識が広がる昨今、宣伝部・マーケティング部だけでは企業のマーケティング全体は担えない。しかし他部署と連携せず、遠慮や忖度で調整に終始してしまう…。こんな状況を打破するための指針となる一冊。

■定価1980円（税込）　ISBN 978-4-88335-484-9

編集協力　潮凪洋介、佐藤文子
装丁　加藤賢策+守谷めぐみ (LABORATORIES)
DTP　ローヤル企画

デジノグラフィ

インサイト発見のためのビッグデータ分析

発行日　2021年3月5日　初版

著者　博報堂生活総合研究所
発行人　東彦弥
発行元　株式会社宣伝会議
〒107-8550 東京都港区南青山3-11-13
TEL 03-3475-3010 (代表)
https://www.sendenkaigi.com/

印刷・製本　モリモト印刷